华为
目标管理法

让工作效率翻倍的目标管理法

张继辰 王伟立◎编著

海天出版社
·深圳·

图书在版编目 (CIP) 数据

华为目标管理法 / 张继辰, 王伟立编著. — 深圳：
海天出版社, 2015.1（2021.4重印）
（华为员工培训读本系列）
ISBN 978-7-5507-1194-5

Ⅰ.①华… Ⅱ.①张… ②王… Ⅲ.①通信—邮电企
业—企业管理—目标管理—深圳市 Ⅳ.①F632.765.3

中国版本图书馆CIP数据核字(2014)第225402号

华 为 目 标 管 理 法

HUAWEI MUBIAO GUANLIFA

出 品 人	聂雄前
责任编辑	何廷俊　陈少扬
责任技编	陈洁霞
封面设计	元明·设计

出版发行	海天出版社
地　　址	深圳市彩田南路海天大厦　（518033）
网　　址	www.htph.com.cn
订购电话	0755—83460239
设计制作	蒙丹广告0755-82027867
印　　刷	深圳市希望印务有限公司
开　　本	787mm×1092mm　1/16
印　　张	16.25
字　　数	197千
版　　次	2015年1月第1版
印　　次	2021年4月第10次
定　　价	39.00元

ℂ 前言

1987年，华为在中国深圳正式注册成立。

2013年，华为第三次入围世界500强，排名第315位。

华为产品已应用于全球150多个国家，服务全球1/3的人口。

华为在全球共拥有超过15万名员工，外籍员工人数超过3万。

十几年前，华为总裁任正非就放言"十年之后，世界通信行业三分天下，华为将占一份"。华为董事长孙亚芳女士说道："我们不想成为世界第一，但我们不得不走在成为世界第一的路上。"

华为在成为世界第一的路上，目标管理起着重要的作用。美国管理大师彼得·德鲁克（Peter Drucker）于1954年在其名著《管理实践》中最先提出了"目标管理"的概念，其后他又提出"目标管理和自我控制"的主张。德鲁克认为，并不是有了工作才有目标，而是相反，有了目标才能确定每个人的工作。所以"企业的使命和任务，必须转化为目标"，如果一个领域没有目标，这个领域的工作必然被忽视。

目标管理方法提出来后，美国通用电气公司最先采用，并取得了明显效果。其后，在美国、西欧、日本等许多国家和地区得到迅速推广，被公认为是一种加强计划管理的先进科学管理方法。

华为是中国企业实现国际化的一面标志性的旗帜，它所走过的路正在成为众多中国企业学习的经典教材，其关于目标管理的具体做法也可供中国企业来复制和学习。正如长江商学院院长项兵所说："中国企业中，只有华为一家是同时在国际主流产品和国际主流市场这两个方面与国际一流企业展开竞争的。'华为模式'不仅成为中国企业学习的样板，也是许多华为全球竞争对手所重点研究的内容。"

华为公司是一张中国"名片"，也是中国民营企业的一面旗帜。《华为目标管理法》在国内第一次讲述了华为公司在高速成长过程中，惊心动魄、跌宕起伏、艰难前行的目标管理过程。为我们真实地再现了20多年来华为人在目标管理的过程中如何制定目标、在目标管理的过程中如何对过程进行控制（如执行过程、绩效考核、调整目标等），为中国企业的目标管理提供了丰富而宝贵的实战经验。

《华为目标管理法》是企业家、职业经理人、企业中层主管经理全面了解华为目标管理的精华读本，同时也是EMBA、MBA等企业管理研究者等必读参考书。

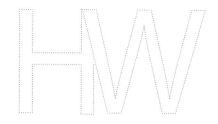

目录 HUAWEI

第一编

华为卓有成效的目标管理

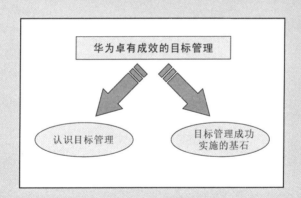

HUAWEI

MUBIAO

GUANLIFA

HUAWEI

第一章

认识目标管理

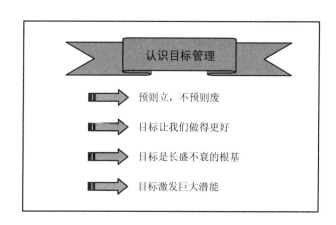

认识目标管理

➤ 预则立，不预则废

➤ 目标让我们做得更好

➤ 目标是长盛不衰的根基

➤ 目标激发巨大潜能

第一节　预则立，不预则废

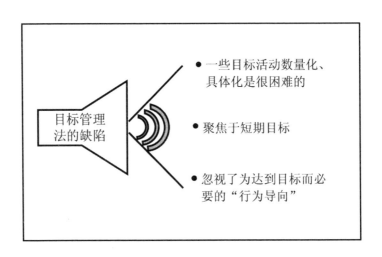

古人讲"凡事预则立，不预则废"'说的就是目标管理。曹操的"望梅止渴"就是目标管理的运用。拿破仑曾经说过："一个不想当元帅的士兵不是一个好士兵。"

简单说来，目标管理一般指"综合个人目标和组织目标，通过使其自主管理达到目标的管理技法"。

1954 年，德鲁克在《管理实践》一书中，首先提出了"目标管理和自我控制"的主张。认为传统管理学侧重于以工作为中心，忽视人的一面；

而行为科学又侧重于以人为中心，忽视同工作的结合；目标管理则是综合以工作为中心和以人为中心的管理方法。之后，他又在此基础上发展了这一主张，他认为，企业的目的和任务必须化为目标，企业的各级主管必须通过这些目标对下级进行领导，以此来达到企业的总目标。概括地说，目标管理是一种程序和过程，它使组织中的上级和下级一起商定目标，并由此决定上下级的责任和目标，并把这些目标作为经营、评估和奖励每个单位与个人贡献的标准。

德鲁克曾这样说道："目标管理改变了经理人过去监督下属工作的传统方式，取而代之的是主管与下属共同协商具体的工作目标，事先设立绩效衡量标准，并且放手让下属努力去达成既定目标。此种双方协商彼此认可的绩效衡量标准的模式，自然会形成目标管理与自我控制。"

目标管理被提出以后，便在美国迅速流传。时值第二次世界大战后西方经济由恢复转向迅速发展的时期，企业急需要采用新的方法调动员工积极性以提高竞争能力，目标管理应运而生，逐渐被广泛应用，并很快为日本、西欧国家的企业所仿效，在全球大行其道。

目标管理是一个反复循环、螺旋上升的管理过程。它的主要特点是十分重视从期望的目标出发，并将组织的整体目标分解为几个分目标，采取一系列的措施，调动各层级的积极性、参与性，逐渐攻破每个目标，并将此作为对每级管理者或员工的绩效评价标准，评价结果作为组织报酬与改进的依据。

在一个目标管理系统中，当企业的最高管理层确定了公司来年的战略目标后，对其进行分解，转变成各个部门的分目标，然后将这些目标传达下一级管理层或个人，管理者根据每个分目标完成的情况对下级进行考核、评价与奖惩。而这些目标就成为评价每一位管理者和员工个人对组织贡献的标准。

当然，目标管理法并非十全十美的，它也存在一定的缺陷与不足：①组织内的许多目标难以定量化、具体化，因此组织的许多活动指定数量化目标比较困难；②目标管理比较聚焦于短期目标，即能在每年年底进行测量的目标，这会导致员工只重视短期目标而轻视长期目标；③目标管理过多地把注意力集中在目标上，而忽视了为达到此目标而必要的"行为导向"。

1995年，华为的员工仅有区区800多人，当年销售额仅仅15亿元。当年，华为成立了北京研发中心，开始进入数据通信领域。华为大规模与内地厂家合作，走共同发展的道路，也开始从农村市场向城市市场转型。此时，成立仅8年的华为，面临着险恶的市场环境。鉴于内忧外患，任正非主张本土企业联合起来，国家也应该支持民族通信企业的发展，让本土企业迅速壮大，提高竞争力，最终到海外拼搏。任正非在第四届国际电子通信展华为庆祝酒会上表示："中国通信产业正飞速向前发展，并形成自己的民族通信工业。未来3年将是中国通信工业竞争最为激烈的时期，持续10年的中国通信大发展催生了中国的通信制造业，并迅速成长。由于全世界厂家都寄希望于这块当前世界最大、发展最快的市场，拼死争夺，造成中外产品撞车、市场严重过剩，形成巨大危机。大家拼命削价，投入恶性竞争，外国厂家有着巨大的经济实力，已占领了大部分中国市场，中国厂家如果仍然维持现在的分散经营，将会困难重重，是形势迫使我们必须进行大公司战略。泱泱十多亿人口的大国必须有自己的通信制造产业，对此，华为作为民族通信工业的一员，已在拼尽全力向前发展，争取进入国家大公司战略系列。"

　　任正非给华为人定下了目标，激励员工奋斗。华为的经验说明，无论企业规模多小，也一定要有崇高而远大的目标，只有不仅仅为钱奋斗的企业，才能让员工一直充满斗志。[1]

　　对于华为的创新目标，任正非同样有着清晰的认识，他只推动有价值的创新。10 多年前，任正非就有明确认知：中国人擅长数理逻辑，数学思维能力很强，这跟中国人的哲学有关系。中国哲学是模糊哲学——儒、道基础上的模糊哲学，缺乏形而上学的思辨传统，太多辩证法。基于这一点，华为在材料学研究、物理领域尽量少投入，但在数学研究方面的投入是巨大的。

　　华为的俄罗斯研究所和法国研究所，主要从事数学研究。俄罗斯人的数学运算能力也是超强的，在华为的 2G、3G 研究方面有重大贡献。

　　华为在欧洲等发达国家市场的成功，得益于两大架构式的颠覆性产品创新：一个叫分布式基站，一个叫 SingleRAN，后者被沃达丰的技术专家称作"很性感的技术发明"。这一颠覆性产品的设计原理，是在一个机柜内实现 2G、3G、4G 三种无线通信制式的融合功能，理论上可以为客户节约 50% 的建设成本，也很环保。华为的竞争对手们也企图对此进行模仿创新，但至今未有实质性突破，因为这种多制式的技术融合，背后有着复杂无比的数学运算，并非简单的积木拼装。

　　正是这样一个具有革命性、颠覆性的产品，过去几年给华为带来了欧洲乃至全球市场的重大斩获。

　　华为立誓成为全球顶级消费品牌。华为将成为"与移动世界大会上其他品牌同样令人熟悉、有吸引力、强大的品牌"，打造全球性品牌"需要时间、

1　程东升 . 任正非管理日志 [M]. 北京：中信出版社，2013.

投资和不懈的努力"。

2013年是华为推出消费类产品的第 10 年。华为正在由一家 ODM 转型为 OEM 制造商。华为将更积极地推出高价智能手机。例如，在美国，华为智能手机仍然被认为是低端和中端产品。多年来，华为一直希望改变这种状况。

对此，任正非表示："在大机会时代，千万不要机会主义，我们要有战略耐性。消费者 BG(业务集团) 一定要坚持自己的战略，坚持自己的价值观，坚持自己已经明晰的道路与方法，稳步地前进。成吉思汗的马蹄声已经远去，现代的躁动也会平息，活下去才是胜利。消费者 BG 这两年来，从过去的低能状态已经开始走到有一定能量的状态，如果没有你们上万员工的努力，也就没有消费者 BG 的今天，这一点我们要肯定并祝贺!"

"但是我们现在要清楚'我是谁，从哪里来，准备到哪里去'。"

"今天之所以与大家沟通，就是担心你们去追求规模，把苹果、三星、小米作为目标，然后就不知道自己是谁了。当然要向苹果、三星、小米学习他们的优处，但不要盲目对标他们。"

"消费者 BG 应该坚持走自己的路，我就是我!"

"你们说要做世界第二，我很高兴。为什么呢? 苹果年利润 500 亿美金，三星年利润 400 亿美金，你们每年若是能交给我 300 亿美金利润，我就承认你们是世界第三。"

"销售额是为了实现利润需要的，不是奋斗的目标。终端没有黏性，量大而质不优，口口相传反而会跌下来。不要着急，慢慢来，别让互联网引起你们发烧。华为公司要坚持跑马拉松，要具有马拉松精神，慢慢跑，要持续盈利。互联网的特性是对标准化、数字化的内容传输的便利性和规模化。它

是促进实业在挖掘、消化信息后的改进，所谓互联网时代，是信息促进人类
社会进步，促进实业、服务……的进步，并不是仅指网络商本身。"

第二节　目标让我们做得更好

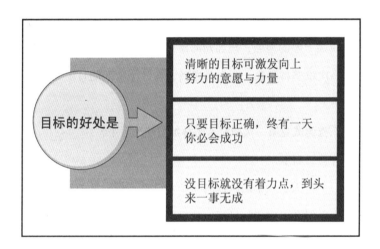

　　1952 年 7 月 4 日清晨，美国加利福尼亚海岸笼罩在浓雾中。在海岸以
西 55.6 千米的卡塔林纳岛上，一位 54 岁的妇女跃入太平洋海水中，开始向
加州海岸游去。要是成功的话，她就是第一个游过这个海峡的妇女。

　　这名妇女叫弗罗伦丝·查德威克，在此之前，她是游过英吉利海峡的
第一个妇女。在向加州海岸游去的过程中，海水冻得她全身发麻，雾很大，
她连护送她的船都几乎看不到。时间一个小时一个小时地过去，千千万万
人在电视上看着。有几次，鲨鱼靠近了她，幸而被人开枪吓跑了。她仍然
在游着。

15个小时之后，她又累又冷，知道自己不能再游了，于是就叫人拉她上船。这时她的母亲和教练在另一条船上。他们都告诉她离海岸很近了，叫她不要放弃。但她朝加州海岸望去，除了浓雾什么也看不到。在继续坚持了几十分钟后，这时距她出发已是15个小时55分钟，人们把她拉上了船。在船上过了几个小时，她渐渐觉得暖和多了，却开始感到失败的打击。

她不假思索地对记者说："说实在的，我不是为自己找借口。如果当时我能看见陆地，也许我能坚持下来。"

人们拉她上船的地点，离加州海岸只有不足1千米！查德威克一生中就只有这一次没坚持到底。两个月之后，在一个晴朗的日子她成功地游过同一个海峡。

为什么查德威克第一次横渡卡塔林纳海峡失败了？

这给你什么启示？

有时，一个人、一个团队或者一个企业看不到自己的目标，结果真的很可怕。当人们有了明确的目标，并且把行动与目标不断加以对照，清楚地看到自己的努力与目标相近时，就会得到动力，自觉地克服一切困难，努力达到目标。

如果父母要求孩子的学习成绩进入班上前三名，是否比仅仅告诉孩子"要好好学习"更能激发孩子的学习劲头呢？答案显而易见。

下面是哈佛大学一个非常著名的关于目标对人生影响的跟踪调查。该项调查的对象是一群智力、学历、环境等条件都差不多的年轻人，调查结果发现：

27%的人，没有目标；60%的人，目标模糊；10%的人，有比较清晰的短期目标；3%的人，有十分清晰的长期目标。

25 年的跟踪调查发现，他们的生活状况十分有意思……

3%——几乎不曾更改过自己的人生目标。25 年后，他们几乎都成了社会各界顶尖成功人士，他们中不乏白手创业者、行业领袖、社会精英。

10%——大都生活在社会的中上层。其共同特点是那些短期目标不断地被达到，生活质量稳步上升。他们成为各行各业不可缺少的专业人士，如医生、律师、工程师、高级主管，等等。

60%——几乎都生活在社会的中下层面。他们能安稳地生活与工作，但都没有什么特别的成就。

27%——几乎都生活在社会的最底层，生活都过得很不如意，常常失业，靠社会救济，常常在抱怨他人、抱怨社会。

成功在一开始仅仅是一个选择。你选择什么样的目标，就会有什么样的成就，就会有什么样的人生。

英国有一个名叫斯尔曼的残疾青年，尽管他的腿有慢性肌肉萎缩症，走路有许多不便，但是他还是创造了许多连健全人也无法想象的奇迹。19 岁那一年，他登上了"世界屋脊"珠穆朗玛峰；21 岁那一年，他征服了著名的阿尔卑斯山；22 岁那一年，他又攀登上了他父母曾经遇难的乞力马扎罗山；28 岁前，世界上所有的著名高山几乎都踩在了他的脚下。

但是，就在他生命最辉煌的时刻，他在自己的寓所里自杀了。

为什么一个意志力如此坚强、生命力如此顽强的人，会选择自我毁灭的道路？

他的遗嘱告诉我们这样的答案：11 岁那一年，他的父母在攀登乞力马扎罗山时遭遇雪崩双双遇难。出发前父母给小斯尔曼留下了遗言，希望他能够像他们一样，征服世界上的著名高山。因此，他从小就有了明确而具体的目标,目标成为他生活的动力。但是,当 28 岁的他完成了所有的目标时,就开始找不到生活的理由,就开始迷失人生的方向了。他感到空前的孤独、无奈与绝望,他给人们留下了这样的告别词:

"如今,功成名就的我感到无事可做了,我没有了新的目标……"没有了人生目标的他,因此也就感觉不到生命的意义。

其实,我们每一个人在这个世界上多少是有自己的目标的,尽管许多人并不一定清醒地意识到自己的目标。在生活中,目标就是人的生命的意义,没有目标,生命的一半就消失了。对于那些为目标而存在的个体来说,没有目标,也就没有了生命的价值。

可以看出,目标的好处是:

(1)目标清晰可见,随时可激发你向上努力之意愿与力量;

(2)只要目标正确,终有一天你必会成功;

(3)没目标就没有着力点,到头来一事无成。

长期担任华为 COO 的毛生江把奋斗理解为对一个目标付诸努力,没有奋斗就不会有结果。他讲述了自己的经历:"我在山东代表处的时候,当时的目标就是要山东的每一个地区都有华为的产品。或许在今天看来这很平常,但当时华为还是一家很小的公司,所以是很难很难的。我记得刚走向市场岗位时,有一次见一位省电信部门的局长,我跟他说:'局长您好,我是华为公司的,想跟您聊几句。'局长说:'华为公司是做什么的?有什么事找我们科长就可以了。'这让我很受挫,当时我就立志改变这一切。"

"在没有机遇的时候我们应该做好一切准备,当机遇来的时候我们才能抓住它。对于年轻人来讲,多去学习、打好基础,提升自己的能力和准确度是非常重要的。比如你对销售很喜欢,你自己可以多去学习和了解,可能有一天，别人看到你在销售方面有才能就会让你去做一个项目，你的机会就来了。"

现任教于瑞士圣加勒大学、奥地利因斯布鲁克大学和维也纳经济大学的欧洲管理学大师弗洛蒙德·马里克 (Fredmund Malik) 认为，有效的经理人或真正的领导给人们分配任务的时候，应该清楚地说明该项任务的意义。意义是最关键的因素，是最持久和最有效的激励因子，与之相比，任何其他东西都显得不重要。他主张，最重要的是给予人们一个机会，使他们看到他们所做的事情的意义和目的。用尼采的话说："如果你明确人生的目标，几乎就能忍受任何工作方式。"弗洛蒙德·马里克解释说，当人们再也看不见目的的时候，或者失去意义的时候，对如何做会麻木不仁，不管这件事有多精彩。

现在很多公司的员工对公司没有认同感，把公司当作暂时的避风港，公司也只是把员工当作赚钱的工具。而在任正非看来，华为就是一个大家庭，他要求所有华为人都必须认同华为文化、遵守华为文化的要求，就像他对新员工的致辞里面说的："我们将与您共同努力，开创华为的未来。否则华为是不欢迎您的。"

第三节　目标是长盛不衰的根基

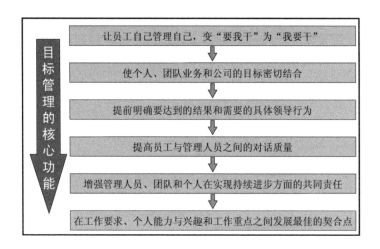

有的朋友问：目标管理对企业有什么意义呢？只有对目标做出精心选择后，企业才能生存、发展和繁荣。一个发展中的企业要尽可能满足不同方面的需求，这些需求和员工、管理层、股东和顾客相联系。高层管理者负责制定企业主要的总体目标，然后将其转变为不同部门和活动的具体目标。举例来说，如果企业总体的销售目标是100万，销售总监和地区经理会讨论如何完成目标，同时设立不同区域的具体目标。目标是共同制定的，而不是强加给下属的。目标管理如果能得到充分的实施，下属甚至会采取主动，提出他们自己认为合适的目标，争取上级的批准。这样，从管理层到一线员工的每个人，都清楚需要去实现什么目标。对于企业来讲，这个意义很重要，来得也紧急。

《西游记》的故事在中国是家喻户晓的。在这个故事中，若假定师徒四人构成一个组织，唐僧毫无疑问是该组织的最高管理者，他们之所以能历经九九八十一难最终修得正果，是因为这个组织有着明确的目标——通往西天，取得真经。同时其最高领导人唐僧对实现该目标有着坚定不移的信念，而组织内部的分工明确又是促使其成功的可靠保证。400多年之后，美国总统布什将2002年度的"总统自由勋章"授予彼得·德鲁克时，提到他的三大贡献之一就是目标管理，也就是西天取经得以成功的奥秘所在，它已经在全世界为数众多的公司中得到了成功的应用。

《西游记》给我们展示了一个生动的目标管理例子，同样，我们可以拿出所有成功的企业、部门、学校，甚至个人来加以研究，如市政工作、学校建设、城市治安管理、一个人奋斗的历程，等等。目标管理这一理论在无形中已被应用于各个方面。

目标管理的核心功能是：

（1）让员工自己当老板，自己管理自己，变"要我干"为"我要干"；

（2）使个人、团队业务和公司的目标密切结合；

（3）提前明确要达到的结果和需要的具体领导行为；

（4）提高员工与管理人员之间的对话质量；

（5）增强管理人员、团队和个人在实现持续进步方面的共同责任；

（6）在工作要求、个人能力与兴趣和工作重点之间发展最佳的契合点。

华为并不是从一开始就深谙合作之道的。早年间，任正非喊出过"为中华有为、做中国通信企业脊梁"的口号，对于祖国的热爱和那个年代人极其强烈的使命感、责任感，让执著的任正非一直发自内心地固守着一份"民族情结"。

但如何实现这个目标？在与西方企业正面碰撞之后，激情之余的任正非头脑开始变得清醒，他已经意识到，学习、沟通、合作都是必需的。2002 年，任正非在公司内部讲话中明确指出："我们一定要破除狭隘的民族自尊心，破除狭隘的华为自豪感和狭隘的品牌意识，不断走向开放。我们只有开放才有希望。"在共同利益的前提下，借助强者之力和成功者的经验求得更大发展，是中国企业必须要走的一条道路。实际上，这似乎也是整个中国社会 20 世纪最后 20 年在企业中被广泛树立的一种认知。

在摆脱个人英雄主义的目标之下，2000 年以后，华为进入以职业化、流程化管理为特点的第二创业阶段。此时，在任正非看来，"无为而治"是企业治理的最佳境界。所谓"无为而治"，就是企业不需要人控制也能自行达到既定目标，即通过内在控制来激发员工的工作热情，达到自我控制、自我管理。"要做到'无为而治'就要实现职业化管理。什么是职业化？就是在同一时间、做同样的事的成本更低。第二次创业的一大特点就是职业化管理，就使英雄难以在高层生成。"对于这些高级管理者，任正非主张："一定要摒弃想成为个人英雄的想法，淡化个人成就感，淡化创业者、领导人的色彩。"

第四节　目标激发巨大潜能

一个老企业家的儿子问父亲怎么做管理？老企业家拿了一根绳子放在桌上，让他把绳子往前推。儿子就从后面往前推绳子，但怎么推都不行，一推绳子就弯了。这时候老企业家说，你从前面去拉这根绳子。儿子一拉就把绳子拉动了。老企业家说，管理其实非常简单，你需要用目标把大家拉动起来。

管理就是指出目标和方向。目标管理是推动企业或个人成长的最佳方法。

根据日本教授曾发表过的有关"目标"的实验，证实"目标"可以提升绩效，激发学生的潜力。

该实验是在两个班的高中体育课中进行的。先从第一班选出60名学生，每人发一支粉笔，令其在墙壁前站成一排，然后测验者要求学生尽可能地往上跳，并在所跳的极限处，画一横线。

3天后，这60名学生再一次站到原地排成一排，测试者在每位学生当初用粉笔所画的高度记号的上方加高一成各画一横线，并对他们说："我相信各位必然深藏潜力，深信可再跳高些。现在，各位努力向上跳的目标，是我所画的横线，请各位同学再次试试，用手去画画看。"然后，令每人再次尝试跳高。

紧接着，又从第二班选出60名学生，指示依其能力跳高，并加以记号。数日后，再次令其跳高，但与第一班不同的是，并没有在其原来高度上方按比例再画一横线，只是对该班学生说请尽量跳得更高一点。学生依照指示跳高，并量一下他们的成绩，试图了解是否有进步。

针对第一班、第二班学生第二次的跳高结果，测试者问学生："你是否满意自己第二次跳高的成绩?"表1-1说明了两个班学生有无目标的成绩对比。

表1-1

班次	人数	第一次指示	第二次指示	第二次成绩超过第一次成绩10%者	对第二次成绩满意者
第一班	60人	尽可能地往上跳	在第一次记号上加高一成作为目标	25人	24人
第二班	60人	尽可能地往上跳	与第一次相同	10人	3人

由此可见，第一班学生在第二次跳高时，测验者给予学生具体的目标（画线记号），因此潜能被激发，努力完成，所以学生达到目标的比率明显较高；而第二班学生在跳高时，测验者只是口头漫不经心地说"尽量做吧"，学生由于缺乏目标，测验结果自然不理想。

根据实验结果显示，第二次成绩增加达第一次成绩 10% 以上的，第一班有 25 人，而第二班仅 10 人；但对第二次成绩满意者，第一班有 24 人，而第二班仅 3 人。测试结果明显地告诉我们，由于第二班没有具体的目标，所以即使有 10 名学生已达预定目标，依然无法产生成就感与满足感；反之，第一班学生由于已明确指示目标，所以，学生一旦达此目标，就可产生满足感。

由此可知，明确的具体目标，对一个人潜能激发影响是相当大的。[1]

在华为，追求人力资源的增值恰好是他们的重要目标，他们强调人力资本不断地增值的目标优先于财务资本增值的目标，并努力为员工提供成长和发展的机会，以激励员工。

华为的高薪一方面使得优秀的人才聚集，另外一方面也激励了人才的积极性。华为公司，一方面利用高工资进行短期的物质激励，另一方面注重长期的物质激励。华为的工资分配是实行基于能力的职能工资制。员工的工资不仅与其业绩挂钩，还与其工作态度、责任心和能力挂钩。这使员工受到长期的激励，促使员工在做好分内工作的同时，还努力寻求自己能力的成长。职能工资制最能激励员工发挥其能动性和创造性。只要能够施展自己的才华，每时、每刻，每个岗位、每条流程都能够成为员工发挥自己能力的舞台，这样的制度叫做"全员接班制"，从而为所有有能力的员工

1　黄宪仁 . 如何推动目标管理 [M]. 厦门：厦门大学出版社，2010.

提供了一个发挥自己才能的宽松环境。同时，华为所推行的员工持股制是公司价值分配体制中最核心、最有激励作用的制度。在股权上实行员工持股，但要向有才能和责任心的人倾斜，以利益形成中坚力量。华为的员工普遍拥有持有公司股份的机会。每一个年度，员工可根据对其评定的结果，认购一定数量公司的股份。股金的评定以责任心、敬业精神、发展潜力、做出贡献为主要的标准。通过股权的安排，使最有能力和责任心的人成为公司剩余价值的获取者。知识被转化为资本，成为华为这个以知识为生存根本的公司，获得了源源不绝的生命力。华为公司的股权分配强调持续性贡献，主张向核心层和中间层倾斜。员工持股的激励是短期激励和长期激励相结合。华为股权的分配不是按资分配，而是按知分配，它解决的是知识劳动的回报，股权分配是将知识回报的一部分转化为股权，从而转化为资本；股金解决的则是股权的收益问题，这样就从制度上初步实现了知识向资本的转化。[1]

华为英国代表处，欧洲片区 2006 年及 2007 年年度优秀员工 Alec Campbell 曾这样说过："公司的组织严密、管理集中，但在本地客户和项目管理上，我被授予很多职权。这样的授权，明晰了目标的责任人，让我能够更加专注目标，积极主动地工作。我想，这也正是公司能够激发员工积极工作、达成目标的原因。"

1　陈明．华为如何有效激励人才 [J]．商业财经，2006（3）．

目标管理的典型步骤

就一般的组织来说，目标管理的分解思想是从组织的整体目标到部门目标，再到下一级经营单位的目标，最后到个人目标；基层管理者可以参与设定他们自己的目标。因此，目标管理的目标转化过程既是"自上而下"的，又是"自下而上"的。最终结果是一个目标的层级结构，在此结构中，某一层的目标与下一层的目标连接在一起，而且目标管理对每一位雇员都提供了具体的个人绩效目标。因此，每个人对他所在单位成果的贡献都很明确，如果所有人都实现了他们各自的目标，则组织的整体目标的实现也将成为现实。对于一个三层管理深度的企业(公司、部门、室)来说，其典型的目标管理步骤为：

第一步 最高管理层制定企业的整体目标和战略；

第二步 最高管理层在部门之间分配主要的目标；

第三步 部门经理和最高管理层一起设定本部门的具体目标；

第四步 室经理和部门经理一起设定本室的具体目标；

第五步 部门的所有成员参与设定自己的具体目标；

第六步 部门经理、室经理与下级共同商定如何实现目标的行动计划；

第七步　提供资源，实施行动计划；

第八步　各级管理者和员工定期检查实现目标的进展情况，实行有效控制；

第九步　实行基于绩效的奖励。

需要注意的是，目标管理是一个不断反馈和提高的循环过程，既定目标一旦实现就要制定新的目标；不能实现的既定目标，要找出无法实现的原因，从而在下一次制定目标时考虑这些因素，改进管理。

第二章

目标管理成功实施的基石

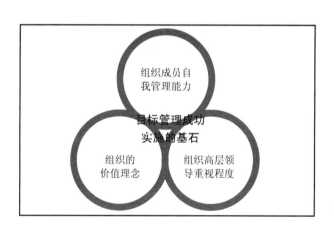

第一节　组织成员自我管理能力

如果组织的成员自我管理意识和能力比较差，尽管已规定了其工作努力的方向和目标，他仍然有可能在工作过程中不能按照目标的要求选择合适的工作方法和手段，自觉地向目标方向努力。换句话说，目标管理方式是建立在 Y 理论基础之上的，即组织成员们能够自觉地工作、积极地努力，当他们有失误时只要点拨一二便可。自我管理能力较强除了表现在能够根据目标要求自觉努力完成之外，还应表现在能够自觉主动地了解合作者，主动配合合作者或其他各方共同把各自分内的、本部门的、本层次的目标完成。具有自我管理能力的人往往会自动自发。

任正非认为，脚踏实地、扎扎实实地做好每一件事，认真地对待工作和同伴，这是勤奋的基础和起点。无欲则刚，因为没有斤斤计较的心态，心胸自然会变得豁达，心态自然就会良好，情绪也自然就会稳定，对工作把握起来自然也就更自信。主动和勤奋是磨炼小我、成就大我的基石。

在工作中，具有自我管理能力的人，往往能创造别人无法创造的机会和价值。事实上，不管在哪一家公司，领导都希望自己的员工能主动承担工作，而不是挑三拣四、拈轻怕重。《把信送给加西亚》的故事是大家耳熟能详的。在 19 世纪美西战争中，美方有一封具有战略意义的书信，急需送到古巴盟军将领加西亚的手中，可是加西亚正在丛林作战，没人知道他在什么地方。此时，挺身而出的一名年轻中尉罗文，不讲任何条件，历尽艰险，徒步三周后，走过危机四伏的国家，把那封信交给了加西亚。

这个故事的核心价值在于美国总统把一封写给加西亚的信交给罗文，而罗文接过信之后，并没有问"他在什么地方"类似这样的问题，而是积极主动地去完成任务。

在良好的自我管理之后是一种对待工作的态度，也是一种对待人生的态度，只有当自律与责任成为习惯时，成功才会接踵而至。绝大多数成功的创业者并没有任何人监督其工作，他们完全依靠自律工作。如果对自己的工作都不能全身心投入，那么"开创自己的事业"也只能沦为一句空话。

比尔·盖茨说："一个好员工，应该是一个积极主动去做事，积极主动去提高自身技能的人。这样的员工，不必依靠管理手段去触发他的主观能动性。"接替杰克·韦尔奇担任 GE 总裁的伊梅尔特当年负责的塑料部门亏损 5000 万美元，原因是签了合同后原材料突然涨价，而伊梅尔特本人并没有责任。韦尔奇主动提出要帮助他，他竟然拒绝了，反而立下军令状："如果这个问题不解决，不用您来解雇，我就自己离开。"果然，他独立地扭亏为盈。后来，韦尔奇在三个同样杰出的候选人中挑选伊梅尔特来掌控通用电气公司。

企业需要的是那种不必上司交代、积极主动做事的具有自我管理能力的新型员工。你要做一个优秀的员工，就不要只是被动地等待上司给你安排任务，而应该主动去了解自己要做什么，认真地分析，做一个合理的规划，然后全力以赴地去完成。

创新工厂创始人李开复曾说："不要再被动地等待别人告诉你应该做什

么，而是应该主动地去了解自己要做什么。对待工作，你需要以一个母亲对孩子般那样的责任心和爱心全力投入。"没有人会告诉你需要做的事，这都需要自己主动思考，在自我管理的能力背后，需要你付出的是比别人多得多的智慧、热情、责任、想象力和创造力。当我们清楚地了解了公司的发展规划和自己今天的工作职责，就能预知该做些什么，然后立刻着手去做，不必等到上司交代。对于华为而言，只有那些能主动执行，并把高难度的工作做得比预期还要好的人，才是最优秀的员工。

华为人冉腾对于自我管理之下的自动自发地工作有着这样的记录："2008 年，我成为维护 PM（项目经理），这个岗位要求我要更多地主动思考。以前网上问题等都是被动去维护，现在必须进行主动维护了。"

"端到端地分析维护的短木板，与用服一起完成网络运行情况的沙盘。需要清楚地知道所维护产品最严重的是哪些问题、哪个办事处经常出问题、问题改进 TOPN、流程机制等。为了改进团队的短木板，不断地向周边、社会学习先进经验，思考团队维护经营的方向，哪些可以度量团队的效率；我们需要持续降低成本的机会点在哪里。通过被动维护到主动维护思想的转变，通过建立成熟的平台、机制、质量，确保了维护效率的持续提升。"[1]
自我管理的第一个要素是要为自己树立愿景和目标，要让自己总是过着有目的的生活。要树立一个正确的人生目标，首先要对"自我"的认知有一番自我超越。

美国锡安主义组织领导人斯蒂文·怀斯说："目标朝里看就变成了责任，朝外看就变成了抱负，朝上看就变成了信仰。"人在本质上是目的论者，目标或愿景是我们生存必不可少的部分。人没有目标将会衰亡，因为没有目

---

1 冉腾 . 如何带好维护兄弟 [J]. 华为人，2009（9）.

标的刺激，我们将失去生活的原动力。在这个物欲横流的世界里，如果不为自己树立正确的人生目的，就意味着对自己不负责任。信仰和价值观是树立人生目标的关键，这与立志要过有意义的人生有关，生活的意义在于社会的抱负。自我价值的实现是什么意思呢？"自我"的本质是社会，离开社会这个本质是找不到自我的。自我价值实现是意味着得到社会的认同，得到社会的接纳。因为我们对社会有贡献有价值。

第二节　组织的价值理念

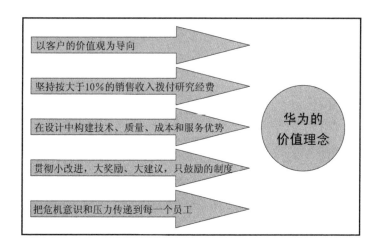

价值理念是一个组织的处事准则和行为准则，是组织生命的核心。不同的组织有其各自的价值理念，有的组织只是以赚钱为其价值取向，有的组织则不是如此，如松下电器公司的价值取向为"产业报国"。组织的价值理念一定会渗透到组织总目标和具体分解的目标之中，从而决定了这些目标的特性，决定了这些目标对组织成员的行为的影响。因此，在实施目标管理之前应反思组织的价值理念，反思组织存在的目的和追求，以免因此方面的思考不周，导致后来问题的难以纠正。

华为的价值理念是"成为世界级领先企业"。

在业界看来，华为在接入网领域已经成为当之无愧的王者。根据国际电信联盟标准组织 (ITU–T) 数据，华为 2011 年在固定接入领域共提交 57 份文稿，其中 39 篇被采纳，提交文稿数和采纳率都位居第一。而累计 2012 年之前 4 年的标准贡献，华为亦是贡献最多的设备厂商。如今华为已成为除爱立信之外的最大的一家电信设备公司。

任正非总结出的"华为公司核心价值观"第一条是："华为的追求是在电子信息领域实现顾客的梦想，并依靠点点滴滴、锲而不舍的艰苦追求，使我们成为世界级领先企业。为了使华为成为世界一流的设备供应商，我们将永不进入信息服务业。通过无依赖的市场压力传递，使内部机制永远处于激活状态。"

任正非认为，核心价值观的第一条是解决华为公司追求什么。现在社会上最流行的一句话是"追求企业的最大利润率"，而华为公司的追求是相反的：华为公司不需要利润最大化，只将利润保持在一个较合理的尺度。任正非在其题为《华为的红旗到底能打多久》的演讲中谈道："我们追求什么呢？我们依靠点点滴滴、锲而不舍的艰苦追求，成为世界级领先企业，来为我们的顾客提供服务。也许大家觉得可笑，小小的华为公司竟提出这样狂的口号，特别在前几年。但正因为这种目标导向，才使我们从昨天走到了今天。今年（1998 年）我们的产值在 100 亿元左右，年底员工人数将达 8000 人，我们和国际企业的距离正逐渐减小。今年我们的研发经费是 8.8

亿元，相当于 IBM 的 1/60，产值是它的 1/65。和朗讯比，我们的研发经费是它的 3.5％，产值是它的 4％，这个差距还是很大的，但每年都在缩小。我们若不树立一个企业发展的目标和导向，就建立不起客户对我们的信赖，也建立不起员工的远大奋斗目标和脚踏实地的精神。因为对电子网络产品大家担心的是将来能否升级，将来有无新技术的发展，本次投资会不会在技术进步中被淘汰。"

"华为公司若不想消亡，就一定要有'世界领先'的概念。我们最近制定了要在短期内将接入网产品达到世界级领先水平的计划，使我们成为第一流的接入网设备供应商。这是公司发展的一个战略转折点，是经历了 10 年的卧薪尝胆，开始向高目标冲击。"

与很多将公司的目标定位为追求利润最大化的公司不同，华为明确规定，只追求合理利润率和利润目标，不单纯追求利润的最大化，因为华为更注重可持续成长。因此，华为在市场、研发上不计成本地投入，虽然这在相当程度上降低了华为的利润率，但使华为获得了长足发展的动力。

关于华为的追求，任正非在《华为的红旗到底能打多久》中谈了以下几点：

（1）以客户的价值观为导向，以客户满意度作为评价标准。瞄准业界最佳点，以远大的目标规划产品的战略发展，立足现实，孜孜不倦地追求，一点一滴地实现。任正非如是说："我们必须以客户的价值观为导向，以客户满意度为标准，公司的一切行为都是以客户的满意程度作为评价依据。客户的价值观是通过统计、归纳、分析得出的。通过与客户交流，最后得出确认结果，成为公司努力的方向。沿着这个方向我们就不会有大的错误，不会栽大的跟头。所以现在公司在产品发展方向和管理目标上，我们是瞄准业界最佳，现在业界最佳是西门子、阿尔卡特、爱立信、诺基亚、朗讯、贝尔实验室……我们制定的产品和管理规划都要向他们靠拢，而且要跟随他们并超越他们。如在智能网业务和一些新业务、新功能问题上，我们的交换机已领先于西门子了，但在产品的稳定性、可靠性上我们和西门子还有差距。我们只有瞄准业界最佳才有生存的余地。"

（2）坚持按大于10％的销售收入拨付研究经费。追求在一定利润水平上的成长的最大化。达到和保持高于行业平均的增长速度和行业中主要竞争对手的增长速度，以增强公司的活力，吸引最优秀的人才和实现公司各种经营资源的最佳配置。在电子信息产业中，要么成为领先者，要么被淘汰，没有第三条路可走。任正非说："我们始终坚持以大于10％的销售收入作为研发经费。公司发展这么多年，员工绝大多数没有房子住，我们发扬的是大庆精神，先生产、后生活。而在研发经费的投入上，多年来一直未动摇，所有员工也都能接受，有人问过我'你们投这么多钱是从哪儿来的'，实际上是从牙缝中省出来的。我们的发展必须高于行业平均增长速度和行业主要竞争对手的增长速度。过去每年以100％的增长速度发展，以后基数大了，肯定速度会放慢，那么以怎样的速度在业界保持较高的水平，这对我们来说是个很大的挑战。我们通过保持增长速度，给员工提供了发展的机会，公司利润的增长给员工提供了合理的报酬，这就吸引了众多的优秀人才加盟到我们公司来，然后才能实现资源的最佳配置。只有保持合理的增长速度，才能永葆活力。在电子信息产业要么领先，要么就灭亡，没有第三条路可走。"

（3）在设计中构建技术、质量、成本和服务优势，是华为竞争力的基础。建立产品线管理制度，贯彻产品线经理对产品负责，而不是对研究成果负责的制度。任正非说："我们的产品经理要对研发、中试、生产、售后服务、产品行销……负责任，贯彻了沿产品生命线的一体化管理方式。这就是要建立商品意识，从设计开始，就要构建技术、质量、成本和服务的优势，这也是一个价值管理问题。"

（4）贯彻小改进，大奖励、大建议，只鼓励的制度。追求管理不断的优化与改良，构筑与推动全面最佳化的有引导的自发的群众运动。任正非说："公司实行小改进，大奖励、大建议，只鼓励的制度。能提大建议的人已不是一般的员工了，也不用奖励。一般员工提大建议，我们也不提倡，因为每个员工要做好本职工作。大的经营决策要有阶段的稳定性，不能每个阶段大家都不停地提意见。我们鼓励员工做小改进，将每个缺憾都弥补起来，公司也就有了进步。所以我们提出小改进，大奖励的制度，就是提倡大家做实。不断做实会不会使公司产生沉淀呢？"

（5）破釜沉舟，把危机意识和压力传递到每一个员工。通过无依赖的市场压力传递，使内部机制永远处于激活状态。任正非表示："我们决心永不进入信息服务业，把自己的目标定位成一个设备供应商。这在讨论中争论很大，最后被肯定下来，是因为只有这样一种方式，才能完成无依赖的压力传递，使队伍永远处在激活状态。进入信息服务业有什么坏处呢？自己的网络、卖自己产品时内部就没有压力，对优良服务是企业生命的理解也会淡化，有问题也会推诿，这样企业是必死无疑了。在国外我们经常碰到参与电信私营化这样的机会，我们均没有参加。当然我们不参加，以后卖设备会比现在还困难得多，这迫使企业必须把产品的性能做到最好、质量最高、成本最低、服务最优，否则就很难销售。任何一个环节做得不好，都会受到其他环节的批评，通过这种无依赖的市场压力传递，使我们内部机制永远处于激活状态。这是欲生先置之于死地，也许会把我们逼成一流的设备供应商。"

任正非提醒华为人，没有献身精神的人不要做华为的干部，做干部的华为人一定要有献身精神。"我们要选拔那些品德好、责任结果好的、有领袖风范(即具备高素质与团结感召力、清醒的目标方向，以及实现目标的管理节奏)的干部担任各级一把手。"

第三节　组织高层领导重视程度

位于日本南部宫崎县的幸岛是短尾猴的故乡。日本科学家对幸岛短尾猴的研究已有半个世纪之久，研究过程中最著名的发现是猴子也会清洗红薯。科学家将这种行为看作非人类种群表现出的一种文化现象。

1952年，日本京都大学的一位教授带着几名学生对短尾猴进行了观察研究，在研究的过程中，他们在沙土里种植了一些红薯，走的时候就把这些红薯留下了。后来，猴子发现了红薯，就开始作为食物来吃。由于是在沙土里生长的，红薯上经常粘着一些沙子，比较磕牙。后来，有一个聪明的猴子发现，把红薯放到水里洗一下，然后再吃，就不会磕牙了，于是它高兴地把这个发现告诉了身边的小猴子，这些猴子也开始用水洗过红薯再吃，再后来，这些猴子又把这个秘密告诉了其他的猴子，甚至告诉了其他岛上的猴子。于是，一天，一个令人震撼的场景出现了：在皎洁的月光下，100多只猴子排着队在水里洗红薯，这就像预示着一个新纪元的出现。

这个故事说明了一个道理：一个人在小范围内做正确的事情的时候，他的行为可以影响到身边的人，而这种影响可以产生一种聚合效应。在目标管理里，领导带头谈目标、定目标、回顾目标，就是在做正确的事情，而领导的这种行为可以影响到经理层和员工，使大家逐渐培养一种目标管理行为，最终形成自我控制！

在创业不久，任正非提出了华为发展目标是成为世界级通信设备制造商，他将此看作一种使命感和信念。任正非说："我们若不树立一个企业发展的目标和导向，就建立不起客户对我们的信赖，也建立不起员工的远大奋斗目标和脚踏实地的精神。华为若不想消亡，就一定要有世界级的概念。"

尽管实现这一目标并不容易，但任正非认为，所有要完成的事情都有困难，找借口、光喊困难而不去努力克服的人绝不是一个称职的管理者。任正非将美国麦克阿瑟将军要求西点军人始终坚持的三大信念"责任、荣誉、国家"修改为"责任、荣誉、事业、国家"，以此作为华为新员工必须永远牢记的誓言。任正非所加入的"事业"概念，就是"成为世界级企业"的追求。

华为在 1998 年成为中国最大通信设备制造商，任正非意识到，公司规模的快速膨胀与发展是空前的危机和压力。任正非始终牢记华为的发展目标，他认为当时的华为"取得产品技术突破后，不仅不能打遍全世界，而且在家门口也未必有优势"。任正非说："现在是有机会也抓不住，最多在中国非主流市场上打了一个小胜仗。"

任正非一直希望了解世界大公司是如何管理的。从 1992 年开始先后到美国、日本、欧洲等国家和地区，走访了法国阿尔卡特、德国西门子等行业领先跨国公司。任正非是一位善于观察和学习的管理者，这些海外访问，给了他很多触动。在 1997 年圣诞节前后访问了美国休斯公司、IBM、贝尔实验室和惠普 4 家公司后，任正非在深思熟虑与权衡之后对华为提出了一系列改造计划。

任正非希望华为的未来发展能够超越对单一竞争要素——技术、人才和资本——的依赖，而且不以盲目的低成本制造为立命之本。他希望华为能够成为一个富有战斗力的商业机构，进而才能成为世界级企业。在向自己的目标努力的过程中，《华为公司基本法》确立了宏观管理的架构，任正非"通过一系列的子法对其进行描述，然后引进非常多的管理方法和管理手段使管理目标能够真正实现"。不过，任正非反对在管理问题上固步自封，他对跨国公司的管理方法和管理手段倍加推崇，曾非常明确地指出："我坚决反对搞中国版的管理、华为特色的管理。"所谓管理创新，在现阶段就是要去消化西方成熟的管理。

任正非较为欣赏 IBM 公司，他会经常提及郭士纳领导 IBM 公司在 20世纪 90 年代的转型，并对 IBM 的管理能力赞赏有加："IBM 是一个具有 80多年悠久历史的公司，而华为还处在一个学生娃、课本式的幼稚管理阶段。我们一直摸着石头过河，但我们不希望掉到河里去。我们应该看到 IBM 已经站在相当高的高度，它的坐标是世界级的，所以 IBM 指出我们的问题，我们一定要理解。"

华为在 1998 年锁定 IBM 为自己通向世界级企业道路上的学习榜样和战略合作伙伴。华为首先确定业务模式由电信设备制造商向电信整体解决方案提供商和服务商转型，以充分发挥华为产品线齐全的整体优势。这样也可以借鉴 IBM 自 1993 年以来业务模式转型过程中的知识和经验。接下来，大约 50 位 IBM 管理咨询顾问进驻华为。在前后 5 年时间内，华为为此投入约 5000 万美元改造内部管理与业务流程。华为还组建了一个 300 人的管理工程部，以配合 IBM 顾问的工作。

2001 年之后，华为将是否愿意主动投身海外市场作为选拔和晋升干部的一个重要标准。在薪酬和福利待遇方面，华为也向海外市场人员倾斜，他们的奖金可以是国内人员的 3 ~ 5 倍，津贴会根据地区差别从 50 美元 / 天至 2000 美元 / 天不等。在一些危险地区，如伊拉克、阿富汗，员工年津贴可能达到几十万元。华为鼓励员工家属到海外探亲，每年报销 3 次往返机票。如果家属愿意，还可以在海外陪同。对于那些在海外市场待满 3 年的员工，可一次性获得 15 万元的安家费。

这些改造奠定了华为全球运营的根基。而任正非的这些改造并非基于"独立自主"或"中国式"的，而是建立在全球视野基础上所勾勒出的"整合全球资源为我所用"的未来发展战略。[1]

组织高层领导的重视并不是说他们只要认识到目标管理的重要，下令推行便可。我们所说组织高层领导的重视是指组织高层领导本身对目标管理有深刻的认识，并且能够向其下属及员工非常清楚地阐述目标管理是什么，它怎样能起作用，为什么要目标管理，目标管理与组织共同愿景有什么关系，它在评价业绩时起什么作用，尤其要说明参与目标管理实施的所有组织成员将随着组织的发展也得到共同的发展。日本管理学家猿谷雅治曾指出，目标管理中"最高领导必须根据自己对这种管理方式的深刻理解，考虑并制定出有效目标，在公司内公布于众并执行。然后调整所属成员的目标，经决定后，还必须帮助所属成员完成任务，最后还必须评价完成的成果。这一切事项，都应由最高领导自己来做。"只有组织成员自我管理能力较强，组织的价值理念正确，组织高层领导重视，目标管理方式本身的不足才能得以克服，优点才能得以发挥。

为了自己的理想，任正非有自己的恐惧，但是也体现出了超凡的勇气。

1　任正非迈出国际化改革步伐 [A]. 经理人网，2009（5）.

近年来，任正非很可能已经意识到把华为打造成真正的世界级企业，而且是持续经营下去的世界级企业的目标是无法在短期内做到的，而且这个目标也许无法在他的任期甚至是有生之年实现，而必须由下一代甚至几代领导者接力完成。毕竟企业的生命必须超越企业家的生命，而企业的生命又必须靠企业家的顺利更替和稳定延续而持续下去。

任正非对于"企业生命必须超越企业家生命"的认识，使其并不是单纯地寻找一个称职的接班人，他要做的是从制度、文化、舆论上全面着手精心安排，扫清一切可能的路障，在自己逐渐退隐、新班子逐渐接手的平稳过渡中实现企业不动声色的更替。

·延伸阅读·

目标管理失败的原因

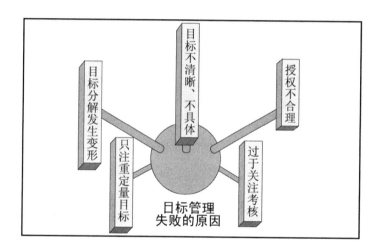

1.目标分解发生变形。对于一个企业而言，如果总目标没有有效分解，没有真正落实到每个人，或者即使落实到每个人，但已经走样变形，那就不可能上下齐心，达到双赢。我国企业在分解目标时对整个公司的目标体系缺乏整体系统考虑，常常会使目标发生变形。这样，即使员工已经很努力，但劲儿不往一处使，企业的整体目标仍然不能实现"战略稀释"现象，就是目标分解变形的结果。

2.只注重定量目标，忽视定性目标。企业制定的目标大多以定量目标为主，缺乏定性目标，这是因为定量目标容易进行考评，而定性目标不好把握。但是，单纯依靠数量目标往往不能反映公司最根本的东西，而且很难制定合理准确的目标。并且，如果制定的目标超过了系统的能力，强制人们实现该目标，那么不仅员工会产生抱怨，对于企业也会造成资源的浪费和匮乏。

3.目标不清晰、不具体。目标不清晰最常见的情况是企业有总的目标，但没有具体的分目标或者分目标不够具体。企业在制定目标时谈得最多的就是来年的销售量、销售额及利润等目标，却没有进一步规划具体的目标，如成本如何控制、销售费用如何投放等具体问题。这些都没有具体的方向，说白了，这种目标完全是一种口号，没法具体指导企业的实际工作，使得目标的实施失去可操作性。

4.授权不合理。改革开放以来，我国企业在分权上进行探索，并已取得了一定的成效，但还存在部分问题。我国的高层管理者受传统文化的影响，还存在着部分官僚主义的思想，在下放权力时担心完全下放权力会削弱自己的地位，便保留部分权力；管理者在下放权力时没有考虑到受权者的技能和资源，只下放权力，而不提供受权者实现目标所需的指导、培训和资源。

5.过于关注考核。不重视目标实施过程的控制，我国企业没有把握目标管理的深刻内涵，将考核视为实现目标的唯一手段，认为只要把考核做好了，目标自然便会实现。过于注重考核，目标管理中给员工制定的任务在企业财务年度后期实际上成了考核员工业绩的标准，这样容易使员工产生一种错觉：过程不重要，结果才是最重要的。

（本文摘编自《浅谈目标管理在现代企业中的应用》，作者：王素云）

第二编

华为：制定目标的原则

HUAWEI

MUBIAO

GUANLIFA

第三章

目标必须是具体的

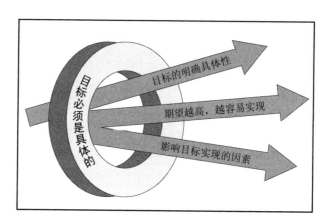

第一节　目标的明确具体性

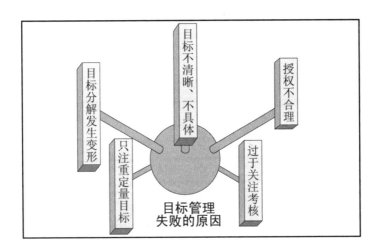

"请你告诉我，我该走哪条路。"爱丽丝说。

"那要看你想去哪里。"猫说。

"去哪儿无所谓。"爱丽丝说。

"那么走哪条路也就无所谓了。"猫说。

——刘易斯·卡罗尔《爱丽丝漫游奇境记》

这个故事讲的是人要有明确的目标，当一个人没有明确的目标的时候，自己不知道该怎么做，别人也无法帮到你！当自己没有清晰的目标方向的时候，别人说得再好也是别人的观点，不能转化为自己的有效行动。

目标设置理论认为：明确而具体的目标能够提高绩效，因为目标的具体化本身就是一种内在的推动力；困难的目标一旦被人接受，会比容易的目标带来更高的绩效；有反馈比无反馈更能够带来高的工作绩效。

从目标设置的具体性来看，目标内容可以是模糊的，如仅告诉员工"请你做这件事"；也可以是具体明确的，如"请在 3 天内完成这批文件的修订"。明确的目标可使人们更清楚要怎么做、付出多大的努力才能达到目标，也便于用来评价个体的能力。很明显，模糊的目标不利于引导个体的行为和评价其成绩。因此，目标设定得越明确越好。

此外，具体的目标本身就具有激励作用。对行为目的和结果的了解，可以减少行为的盲目性，提高行为的自我控制水平。另外，目标的明确与否对绩效的变化也有影响。也就是说，完成明确目标的被试绩效变化很小，而目标模糊的被试绩效变化则很大。这是因为模糊目标的不确定性容易产生多种可能的结果。

让目标明确的"5W1H"法

华为公司在管理工作中极其重视工作目标的明确性。他们的管理者深知：只有心中对目标有数，才能保证工作的顺利开展，才能保证对时间的整体把握和全程控制。任正非自称："我没有思考什么远大的理想，我正在思考的不过是未来两年我要做什么，怎么做……"两三年的目标看起来不甚远大，而一旦考虑清楚了"怎么做"，就会使这个目标变得明确化。通过这个明确的目标，行动者将选取一条最短、最便捷的路径，因而效率也是最高的。

"5W1H"是对选定的项目、工序或操作，都要从对象（何事 What）、地点（何地 Where）、时间（何时 When）、人员（何人 Who）、原因（何因 Why）、方法（何法 How）6个方面提出问题进行思考。

1. 对象（What）——什么事情

公司生产什么产品？车间生产什么零配件？为什么要生产这个产品？能不能生产别的？我到底应该生产什么？例如：如果这个产品不挣钱，换个利润高点的好不好？

2. 场所（Where）——什么地点

生产是在哪里干的？为什么偏偏要在这个地方干？换个地方行不行？到底应该在什么地方干？这是选择工作场所应该考虑的。

华为在国内的北京、上海、深圳、东莞等地均设立了研发中心。在靠近北京、上海等地建立研发中心，是从人才构建方面考虑的，便于吸引京沪两地的高校毕业生和高端技术人才，解决华为的"脑力"问题；在深圳、东莞一带建立研发中心，则是从生产角度考虑的，利用珠三角地区的产业配套环境，同时毗邻香港，出口通关也极其便捷。

3. 时间和程序（When）——什么时候

例如：这个工序或者零部件是在什么时候干的？为什么要在这个时候干？能不能在其他时间干？把后工序提到前面行不行？到底应该在什么时间干？

4. 人员（Who）——责任人

这个事情是谁在干？为什么要让他干？如果他既不负责任，脾气又很大，是不是可以换个人？有时候换一个人，整个生产就有起色了。

华为重庆 C 网替换工程曾在 2009 年 6 月完成交付。工程交付以后，项目组要在不到两个月的时间里对网络质量进行提升。此时，项目组面临着复杂的山城地理环境、紧张的网络优化攻关期限，以及保证质量与工程进度之间的矛盾等诸多问题。

麻烦总是不期而至。在攻关最紧张的 8 月初，项目出现了工作难题：需要排查处理网上几个 VIP 的话音质量问题。要想处理好这类问题，工作人员必须完成扛扫频仪、爬铁塔、调天线等高风险和高难度的工作。项目组找来找去都没有找到合适的人选。即使有这样的人选，也不一定有人愿意干这种苦差事。最后，原本负责网络优化工作的张金果断承担起这项任务，虽然当时他的身体出现了严重的不适。

张金白天要正常处理问题，下班以后只能随便吃点东西，就立刻参加关于工作进展的分析例会。多日的摸爬滚打，让他的头发看起来非常蓬乱，身上还有些许污泥，同事们都笑称他就是项目组的"泥瓦匠"。

5. 为什么（Why）——原因

做出某项决策前，管理者必会认真思考落实该决策的理由。例如，决定使用某项新技术前，会思考：为什么现在开发这项技术？这项技术会带来哪些收益？是否贴近市场？这项技术转化为产品后，是否能快速为客户所接受？

6. 方式（How）——如何

如何操作才能速度最快？如何操作才能更省时省力？如何避免失误造成的时间浪费？这是华为在目标明确过程中始终坚持的时间概念。为解决这些问题，华为公司对于操作规范、流程优化、最有效工作和省时方法等极为重视，并为此制定了相应的奖励制度。[1]

根据以上 6 个要点，结合公司实际，管理者在确定目标前，必须对大目标进行详细分析，力求做到目标的高度明确化。

从明确度来看，目标内容可以是模糊的，如仅告诉被试"请你做这件事"；目标也可以是明确的，如"请在 10 分钟内做完这 25 道题"。明确的目标可使人们更清楚要怎么做，付出多大的努力才能达到目标。目标设定得明确，也便于评价个体的能力。很明显，模糊的目标不利于引导个体的行为和评价其成绩。因此，目标设定得越明确越好。事实上，明确的目标本身就具有激励作用，这是因为人们有希望了解自己行为的认知倾向。对行为目的和结果的了解能减少行为的盲目性，提高行为的自我控制水平。另外，目标的明确与否对绩效的变化也有影响。也就是说，完成明确目标的被试的绩效变化很小，而目标模糊的被试绩效变化则很大。这是因为模糊目标的不确定性容易产生多种可能的结果。

任正非发现，华为要成为世界级的企业，在国际市场的收入要在 5 年之内超过总收入的 50%，华为就不可能永远依靠国内劳动力低廉的相对优势来参与国际竞争。因此，华为必须马上制定切实可行的目标，逐步缩小与国际企业在人均效率方面的巨大差距。

在 2002 年 8 月召开的人力资源大会上，华为确定了未来 5 年之内人均

---

1 杨玉柱.华为时间管理法 [M].北京：电子工业出版社，2011.

劳动生产率提升的具体目标：希望到 2006 年，华为人均销售收入在 2001 年的基础上提高 3.5 倍，接近国际一流企业的水平（实际结果是到 2005 年提高 1.5 倍，与实际要求还存在较大的差距）。根据这个目标，华为制定了未来几年的人力资源发展规划方针：除了稀缺人才的引进之外，国内招聘员工的数量将会大大降低，未来 3 年华为在人力资源建设方面的主要任务就是进行人员的结构性调整和清理不合适人员。在这个原则的指导下，2002 年华为明显减少了对国内人才的招聘数量。而在此之前，华为对国内重点理工大学的应届毕业生一直采取"掠夺式"的招聘策略。

华为轮值 CEO 徐直军在代表华为集团阐述华为战略时的开场白很有意思，他表示"华为是一家能力有限的公司，要有所为有所不为"。言外之意，华为要认清自己的地位和能力，要认清现在的自己。未来做什么，聚焦什么，放弃什么都要理清楚。面向未来，一个拥有 15 万人的公司，做企业要商业成功，要让员工挣到钱。除此之外，还应该做什么？华为在 100 多个国家有业务和驻外机构，除了做生意，为中国、为世界还能做什么？华为的愿景是什么？

徐直军表示，华为要致力于打造一个全连接的世界，华为希望与业界共同努力，将人与物全部连接起来，将产生无限的想象和各种可能，从而促进人类沟通和产业发展。

任正非很清楚华为的目标和定位，他表示："华为今后的目标是要抢占大数据的制高点。"

"华为是不是互联网公司并不重要，华为的精神是不是互联网精神也不重要，这种精神能否使我们活下去，才是最重要的。"

"不要为我们有没有互联网精神去争论，互联网有许多好的东西，我们要学习。我们有属于适合自己发展的精神，只要适合自己就行。5000 年后，如果还有人想吃豆腐，就总会有人去磨豆腐的。"

"我强调的是，我们为信息互联的管道做'铁皮'，这个世界能做'铁皮'的公司已经只有两三家了，我们也处在优势，不要老羡慕别人。"

"现在我们很多的员工，一提起互联网，就不断地说：'我们不是互联网公司，我们一定要失败。'他们没有看到，能做太平洋这么粗管道'铁皮'的公司已经没几家了，我们一定是胜利者。所以要坚定一个信心，华为是不是互联网公司并不重要，华为的精神是不是互联网精神也不重要，这种精神能否使我们活下去，才是最重要的。乌龟就是坚定不移地往前走，不要纠结、不要攀附，坚信自己的价值观，坚持合理的发展，别隔山羡慕那山的花。"

"未来的 3~5 年是华为抓住'大数据'机遇、抢占战略制高点的关键时期。我们的战略要聚焦，组织变革要围绕如何提升作战部队的作战能力。"

"在我们这个时代，最近的 3~5 年，对华为至关重要的就是要抢占大数据的制高点。这 3~5 年如果实现了超宽带化，以后是不可能再有适合我们的下一个时代的。那么什么是大数据的制高点呢？我们在东部华侨城会议已有决议，按决议去理解就行了。不是说那个 400G 叫制高点，而是任何不可替代的、具有战略地位的地方就叫制高点。那制高点在什么地方呢？就在 10% 的企业、10% 的地区。从世界范围看大数据流量，在日本是 3% 的地区，汇聚了 70% 的数据流量；中国国土大，分散一点，那么 10% 左右的地区，也会汇聚未来中国 90% 左右的流量。那我们怎么能抓住这个机会？我认为战略上要聚焦，要集中力量。"

第二节　期望越高，越容易实现

我们时常听到关于不少鲸鱼搁浅海滩的报道，有些新闻说这些鲸鱼是在集体自杀，并对它们自杀的原因感到困惑。鲸鱼研究专家在对鲸鱼进行跟踪研究的过程中发现，它们之所以被搁置在海滩甚至暴死滩头，是因为它们追逐沙丁鱼的缘故，是这些微小的沙丁鱼群将这些庞大的鲸鱼引入了死亡的歧途。鲸鱼是因为追逐眼前的小利而死亡的，它们经不起蝇头小利的诱惑，将自己巨大的潜能和力量耗费在没有多少意义的小事情上，结果葬送了自己的生命。可见，不论动物的体型、种类，如果目标选得不好，结局是一样的悲惨。

仔细想想，现实中有不少人不也像这些鲸鱼一样吗？他们聪明、智慧、有活力、有激情，可是就是没有远大的理想和目标，由于没有目标的牵引，他们失去了人生前进的方向，时而向东，时而向西，把自己的精力和智慧浪费在没有意义的横冲直撞之中。假如清晰了自己的人生和职业目标，我们就会把自己稀缺的时间和珍贵的潜力用到应该用的地方去，进而调动所有的能量，挖掘所有的潜力，全力以赴于人生目标的追求。所以，你成为什么样的人比你得到什么东西要重要得多。目标不仅仅界定追求的最终结果，它在整个人生旅途中都起着重要作用，可以说，目标是成功路上的里程碑。

人人都希望成功，但为什么有的人能达到目标，有的人却常常达不成，这就是因为不同的人，对自己目标的期望的强度不同。在《乱世佳人》里，斯嘉丽回到被战争毁掉的家园后，手握拳头愤然起誓："上帝为我作证，上帝为我作证，北方佬休想将我整垮，等熬过了这一关，我绝不再忍饥挨饿，也绝不再让我的亲人忍饥挨饿！"

在那样一个苦难的年代，一个女人勇于面对现实，敢于向生活宣战，可谓坚强。正是这种从苦难中衍生出来的求生欲望和成功欲望激励着斯嘉丽战胜了一切困难，重建家园。

心理学中有一个叫"期望强度"的概念，意即一个人在实现自己期望达成的预定目标过程中，面对各种付出与挑战所能承受的心理限度，或曰期望的牢固程度。就像古希腊哲学家苏格拉底说的那样：要成功，必须有强烈的成功欲望，就像我们有强烈的求生欲望一样。

如果一个人的期望强度太脆弱，将因为无法面对残酷的现实或自身的缺点的挑战而半途而废。只有那些一定要成功的人，他们因有足够牢固的期望强度，所以能排除万难，坚持到底，永不放弃，直到成功。表 3-1 为期望强度与结果之间的关系：

表 3-1

期望强度	定义	表现	结果
0%	不想要	真的不想要或不敢要	当然得不到
20%~30%	瞎想要	空想，随便说说，只说不练，不愿付出，不知从何开始	很快就会忘记自己曾经还这样想过
50%	想要	有最好，没有也罢。3 分钟热度，遇困难就退却，想天下掉馅饼	十有八九不成功
70%~80%	很想要	真正的目标，但决心不够，特别是改变自己的决心不够，等靠思想严重，经常认为曾经努力过，没实现就算了，很快改变目标	有可能成功，因为运气成功，也因为运气而失败

期望强度	定义	表现	结果
99%	非常想	潜意识中那一丝放弃念头，决定他不能排除万难，坚持到底，直到成功，付出100%比不成功更痛苦	一步之遥，99%与100%的差别不是1%，而是100%
100%	一定要	不惜一切代价，不到黄河心不死，不成功便成仁，目标达不成比死还难受	一定能寻找到成功的方法并达成目标

所以，达成目标不是"想要"、"争取"、"尽力"、"试试"，达成目标是"一定要"、"全力以赴"。

有了目标后，要加强心理建设，要对自己所写下的目标抱着充分的信心和强烈的期望。就好像圣诞节前夕坐在圣诞老人膝上的小孩一样，你要每天都想着目标，把它们写在纸上，贴在每天你都能看见的地方，让这些字条不时地提醒你，别忘了在约定时间之内完成这些目标；在使这些目标实现的过程中你得时时记得改善，要持久不懈地改进，让每一天都能有所进步。

如果一个人的期望强度不高，将无法面对残酷的现实，容易半途而废。只有那些意志坚定，拥有足够牢固的期望强度的人，才能排除万难，坚持到底，永不放弃，逆转人生，用强大的内心化解一个又一个困境，从而使事情变得顺利起来。

当年，有个年轻人向大哲学家苏格拉底求学。苏格拉底把他带到小河边，两个人跳到河里，苏格拉底突然将年轻人的脑袋按进水里，年轻人拼命挣扎，刚一出水面就又被按进去，如此再三。用尽全身力量挣扎而出的年轻人问："大师，你到底想干什么？"苏格拉底答道："年轻人，如果你想向我学知识的话，你就必须有强烈的求知欲望，就像你有强烈的求生欲望一样。"

那些被贫困、坎坷折磨的人们为什么能成功，正是因为他们有强烈的求生欲望和成功欲望。这种欲望带来了一种强大的力量——一种明确的意愿和无坚不摧的欲望所迸发出来的力量。它使人排除万难，永不放弃。所以，成功是源于"我一定要"，而不仅是"我想要"。

这听起来像是时下流行畅销书中成功理念的老调重弹，但却是人生的不二准则。只有从内心认可了，并采取了切实的行动，它才会起作用。[1]

任正非在其文章《华为的红旗到底能打多久》给华为下了个目标："华为的追求是在电子信息领域实现顾客的梦想，并依靠点点滴滴、锲而不舍的艰苦追求，使我们成为世界级领先企业。"

上述目标是任正非在向中国电信调研团汇报，以及在联通总部与处级以上干部座谈会发言中提出来的。当年华为的产值在 100 亿元左右，员工人数在 8000 人左右。虽然企业规模已经不小，但距离世界领先企业的规模还很远。小小的华为公司竟提出这样狂妄的口号，也许大家会觉得可笑，但正因为有这种目标做导向，华为才有了今天的成就。事实上，自成立以来，华为与国际行业巨头间的距离正在逐渐减小。这一年，华为的研发经费是 8.8 亿元，相当于 IBM 的 1/60；这一年，华为的产值是 IBM 的 1/65；华为的研发经费是朗讯的 3.5%，产值是它的 4%。差距虽然很大，但每年都在缩小。在任正非看来，若不树立企业发展的目标并以此为导向，就无法使客户建立起对华为的信赖，也无法使员工树立远大的奋斗目标和发扬脚踏实地的精神。

在任正非的心中，这个目标似乎已经酝酿了很长的时间。早在 1994 年，

---

1 张笑恒.心态放平了 [M]，苏州：事情就顺了.古吴轩出版社，2012.

华为成立不过 7 年的时候，任正非就曾经说过一句让人吃惊的话："10 年之后，电信设备市场将会三分天下，西门子、阿尔卡特和华为。"

在任正非的心目中，《华为基本法》不仅仅要提出成为世界级企业的目标，还要阐述达到这个目标的路径，需要遵守的规则。1996 年 1 月，任正非将当时的华为总裁办公室主任陈小东叫到办公室里，给他布置了一项重要任务，要求总裁办牵头制定一个《华为基本法》。任正非当时并没有详细说明这个《华为基本法》是什么东西，只是笼统地说，《华为基本法》是华为公司在宏观上引导企业中长期发展的纲领性文件，要通过《华为基本法》来提升每一位华为人的胸怀和境界，提升对大事业和目标上的追求。因此，总共 16000 字的《华为基本法》，起草时间却用了将近 3 年。可以说，这部《华为基本法》就是任正非开始追寻利用制度来建立一个"基业长青"企业、一个可以一直向其"世界级"目标迈进的企业的起点。

正是有着对华为国际化的强烈期待，很早以前任正非就表示："国际市场拒绝机会主义。"华为在国际市场上是一步一个脚印踏踏实实走过来的。任正非当初的这句话一直被奉为华为开拓国际市场的圭臬。从 1995 年开始，华为就开始了拓展国际市场的征程，而这种征程是在"屡战屡败、屡败屡战"中不断完成的。

对华为而言，国际化是个长期投入的过程，华为国际化是实在投资，目标明确，与"只想捞一把就走"的公司有着本质的区别。

华为决定进军海外之后，提出了一系列打开海外市场的战略方针，其中有一条就是任正非所说的"国际市场拒绝机会主义"。什么叫做机会主义？根据列宁的说法，"机会主义是牺牲根本的利益，贪图暂时的局部的利益"。任正非表示："通信行业是一个投资类市场，仅靠短期的机会主义行为是不可能被客户接纳的。因此，我们拒绝机会主义，坚持面向目标市场，持之以恒地开拓市场，自始至终地加强我们的营销网络、服务网络及队伍建设。"

第三节　影响目标实现的因素

在目标设置与绩效之间还有其他一些重要的因素会产生影响。这些因素包括对目标的反馈、自我效能感、任务策略、满意感等。

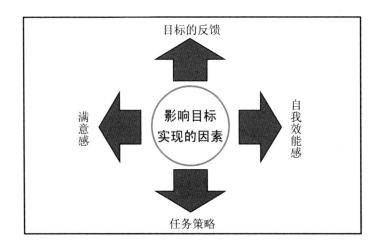

1. 反馈

反馈是组织中常用的激励策略和行为矫正手段。目标与反馈结合在一起更能提高绩效。目标指出应达到什么样的目的或结果，同时它也是个体评价自己绩效的标准。反馈则告诉人们这些标准满足得怎么样，哪些地方做得好，哪些地方尚有待改进。

目标成果评价即反馈绩效：是否达成了既定目标？

反馈绩效细分为五要素（见表 3-2）

表 3-2

要素	内容		餐厅经理的目标示例
明确目标	1. 目标是什么？	实现目标的中心思想、项目名称	提高销售额、毛利
	2. 达到什么程度？	达到的质、量、状态	销售额 5000 万元，毛利达 2000 万元
计划	3. 怎么办？	为了完成任务，应采取的措施、手段、方法	1. 在东部地区新开一家分店； 2. 通过增加产品开发，实现新增销售收入 500 万元； 3. 通过服务品质管理将客户提高 10%
	4. 什么时候完成任务？	期限、预定计划表、日程表	1 月： 2 月：
反馈	5. 是否达成了既定目标？	完成成果的评价	实际销售收入 5500 万元，毛利达 1100 万元

2. 自我效能感

自我效能感，指个体对自己是否有能力为完成某一行为所进行的推测与判断。这是由心理学家班杜拉提出来的。班杜拉对自我效能感的定义是指"人们对自身能否利用所拥有的技能去完成某项工作行为的自信程度"。该概念被提出以后，心理学、社会学和组织行为学领域开始对此进行大量的研究。

自我效能感影响或决定人们对行为的选择，以及对该行为的坚持性和努力程度；影响人们的思维模式和情感反应模式，进而影响新行为的习得和习得行为的表现。当对某个任务的自我效能感强的时候，对这个目标的承诺就会提高。

3. 任务策略

任务策略是指个体在面对复杂问题时使用的有效的解决方法。相对于简单任务，在复杂任务环境中有着更多可能的策略，而这些策略有很多是不好的策略。要想完成任务，得到更好的绩效，选择一个良好的策略是至关重要的。

4. 满意感

当个体经过种种努力终于达到目标后，如果能得到他所需要的报酬和奖赏，就会感到满意；如果没有得到预料中的奖赏，个体就会感到不满意。同时，满意感还受到另一个因素的影响，那就是个体对他所得报酬是否公平的理解。

•延伸阅读•

跳一跳，够得着

好比喝茶一样，茶放多了会苦，茶放少了会无味，适量最好。

饮茶要适量，喝酒要适量，运动要适量，吃饭要适量，午睡要适量，吃多伤胃，久坐伤腰，知足而乐，处处适量就好。

篮球架子为什么要做成现在这么高，而不是像两层楼那样高，或者跟一个人差不多高？不难想象，对于两层楼高的篮球架子，几乎谁也别想把球投进篮筐，但是，跟一个人差不多高的篮球架子，随便谁不费力气就能"百发百中"，大家也会觉得没什么意思。正是由于现在这个跳一跳才能够够得着的高度，才使得篮球成为一个世界性的体育项目，引得无数体育健儿奋争不已，也让许许多多的爱好者乐此不疲。

篮球架子的高度告诉我们，一个"跳一跳，够得着"的目标最有吸引力，对于这样的目标，人们才会以高度的热情去追求。因此，要想调动人的积极性，就应该设置有着这种"高度"的目标。

从难度来看，目标可以是容易的，如 20分钟内做完 10个题目；中等的，20分钟内做完 20个题目；难的，20分钟内做完 30个题目；或者是不可能完成的，如 20分钟内做完 100个题目。难度依赖于人和目标之间的关系，同样的目标对某人来说可能是容易的，而对另一个人来说可能是难的，这取决于他们的能力和经验。一般来说，目标的绝对难度越高，人们就越难达到它。有400多个研究发现，绩效与目标的难度水平呈线性关系。当然，这是有前提的，前提条件就是完成任务的人有足够的能力、对目标又有高度的承诺。

在通常情况下，目标设置的难度应比较适中，属于要尽力之后才能完成的类型，但这也是因人而异的。对于那些自信心较强，并且对目标本身就具有强烈的兴趣或对完成任务后的激励充满渴望的员工来说，适当提高一些难度也是可以的。

对于目标来说，最重要的是管理和评估。通常而言，目标的设立有以下三种常见方法：

1.阶梯法

就是将目标细化为若干个阶梯，使用明确的语言对不同阶梯的内容进行描述，这样每一个人在不同时间、不同空间都能明确自己的现实位置以及下一个目标的状态，逐级向上迈进，最终达到总的目标。

2.枝法

树干代表大目标，每一个小树枝代表小目标，叶子代表即时目标，或者说是现在马上要做的事情。

3.剥笋法

实现目标的过程是由现在到将来，从低级到高级，由小目标到大目标，一步一步前进的。设定目标的方法则与实现目标的方法相反，由将来到现在，由大目标到小目标，由高级到低级层层分解。

　　理想目标要适度，标准低了，变成短期目标，高了，成了空想；工作强度要适度，小了无法完成任务，大了人会累倒，进而无法再工作；营养要适度，多了，营养过剩人会生病，少了，人会因为营养不良无法工作学习；锻炼要适度，运动量小了，达不到锻炼效果，大了，人会累倒反而对身体不利；期望值要适度，太高了会因无法实现而丧失信心，太低了，没有任何实际意义；批评或表扬要适度，过高或过低都起不到预期的效果。

　　选择合适的人员后，如何用适当的目标及绩效来牵引他们前进？华为副代表马力说："代表处在走到某一步的时候，都会继续寻找很有挑战的目标，让员工觉得要进一步提升才能成就客户。"而员工就是在这样"跳一跳，能摸得着"的牵引下快速成长的。

HUAWEI

第四章

目标必须是可以衡量的

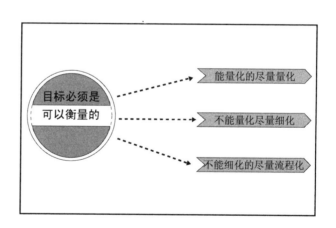

第一节　能量化的尽量量化

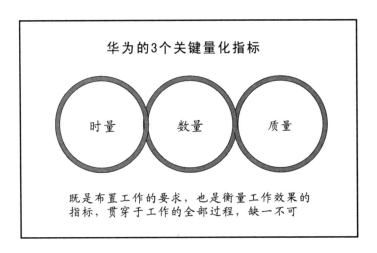

华为的3个关键量化指标

时量　　数量　　质量

既是布置工作的要求，也是衡量工作效果的
指标，贯穿于工作的全部过程，缺一不可

　　什么叫作量化？举个简单的例子：很多人喜欢喝酒，而且明明知道喝
酒会伤身体也常常喝。为什么还要喝呢？因为对于喝酒伤身体到底伤到什
么程度并不清楚，总是感觉喝多少都不会危及生命，对于酒对人的危害程
度其实没有什么概念。

　　但是量化以后，认识就深刻了。研究表明，喝一两白酒，肝脏就要连
续加重46小时的负担，那么如果一晚上喝一斤白酒，肝脏会有多大负担，
就可想而知了。由于量化，我们对喝酒伤害身体的程度马上就有很清楚的

认识了。

再看另一个例子。某公司提出一个目标：要按照国际一流标准建设好队伍。乍一听，这个目标很是振奋人心。但怎么实现呢？似乎不很明确。首先我们需要明确下面的三个问题：

第一，自己的员工是否知道自己还不是一流，而是处在二流甚至三流？

第二，是否能明确一流和二流的差别在哪里？

第三，从哪里开始创一流？范围、地域或者侧重点是什么？

知道了什么叫作国际一流，与一流相比差在哪里，从哪里开始创一流之后，再把这些内容进一步划分，这就叫量化。

如果目标没有量化，每个人、每个部门都不知道自己的职责所在，在工作中就会出现互相推诿、扯皮的现象。这样的话，目标就只能是一种空洞口号，从而影响整个企业的发展。[1]

当人们的行动有明确的目标，并且能把自己的行动与目标不断加以对照，清楚地知道自己与目标的距离时，前进的力量就会得到持续和加强，人就会自觉地克服一切困难，努力达到目标。

因此，企业的管理者为员工分解目标并实施管控时，一定要注意为员工树立明确的目标，而且这个目标必须是可以具体量化的，不能太空洞。明确的责任意味着企业内的每个成员都知道自己应该做什么，而具体化的目标则能使所有员工知道应该怎么做。

能量化的尽量量化，首先要检查职能部门工作，哪些工作可以量化，很多职能部门的工作目标都可以量化，这时直接量化就可以了。如培训工作，可以用培训时间、次数来衡量；制度工作，可以用制度制定的数量、

1　余世维.赢在执行（员工版）[M].北京：北京出版社，2009.

违反次数来表示。难的是那些比较笼统、很难直观的工作，如提高质量水平、抓安全促生产等，针对这些工作，可以通过目标转化的方式来实现量化，转化的工具就是数量、质量、时间、成本等元素。通过目标的转化，许多模糊的目标就可以豁然开朗了。如下表 4-1：

表 4-1

维度	目标转化描述	考核依据
数量	1. 每月召开质量协调会议一次； 2. 每周都要对重点部门进行质量巡检 × 次	会议记录巡检记录
质量	1. 产品质量达标率要在百分之几以上； 2. 质量管理体系年审复核通过	客户评议年审记录
时间	1. 出现的任何质量问题，都必须在 × 天内解决； 2. 每月 × 号上交本月质量分析报告，报告符合要求	质量记录分析报告
成本	质量造成的损失必须控制在 × 元之内	财务统计

许多企业管理者将任务交代下去之后，便随之任了。虽然说是用结果来评价员工完成任务与否，然而优秀的管理者在关注结果的同时也非常注重管控的流程，注意将目标分解到基层。

麦当劳在全球的管理可谓享有盛名，特别是麦当劳独特的克隆方式更是其保持长盛不衰的秘诀。不论你在全球的哪个地方，每一家麦当劳都和你所熟悉的麦当劳一模一样，会让你有种亲切感和温馨感。麦当劳做到这一点的关键就在于目标的量化。

任何一家麦当劳店都有一本专门的经营手册，除了指导员工的行为外，更有严格遵守的标准，其中包括食物配置、设备维护、店面环境等。比如，手册要求门窗一天必须擦两次。

此外，在食物的配置上也是如此，小面包只能是 8.89 厘米宽，454 克肉所含脂肪必须少于 19% 等。在食品出炉后存放的时间方面，规定炸薯条是 7 分钟，汉堡包是 10 分钟，咖啡是 30 分钟，若超过时间则要将食品倒掉。正是这些具体到数字的量化目标才保证了麦当劳始终如一的行为标准。

总的来说，目标的量化是使目标由抽象到具体的重要一步。将目标转化为可量化的指标，在具体考核时才有章可循。例如：公司财务部某个员工具体负责部分工资表的制作，如果这个目标的完成程度直接和考核联系起来似乎有难度，但是如果具体量化为月份或年度工资计算正确率可能就好操作许多。[1]

华为在实施目标管理过程中，考虑 3 个关键的量化指标：时量、数量和质量。其中，时量是指完成工作的时间量，数量是指完成工作的数量，质量是指完成工作的程度和标准。这 3 个指标既是布置工作的要求，也是衡量工作效果的指标，贯穿于工作的全部过程，缺一不可。

（1）时量指标：不是唯一的时间量化指标，只是为量化工作提供一个参考，而且时间的累加也不是完成一项工作的时间最终值。这是因为动作或工作单元之间存在着同步性。时间类标准包括期限、天数、及时性、推出新产品的周期及服务时间等。

（2）数量指标：不只是完成工作项目的数量，还可以是产量、次数、频率、销售额、利润率及客户保持率等。

（3）质量指标：可以进一步具体为百分比或次数。如准确性、满意度、

1　邵雨 . 管控力：面向目标的执行方法 [M]. 北京：清华大学出版社，2008.

通过率、达标率、创新性及投诉率等。

2014 年，华为宣布了一个目标："未来 4 年华为收入有望翻番，到 2018 年华为将成长为一家 700 亿美元规模的公司"。创立 26 年来，华为从 6 名员工发展到 15 万名员工（其中外籍员工 3 万多名），从 2 万元创业起家到销售额 2390 亿元，作为一家民营企业，华为的发展惊人。

事实上，华为之所以提出新的目标与华为一直重视收入规模有关，任正非曾说："我们怎样才能活下来？同志们，你们要想一想，如果每一年你们的人均产量增加 15%，你可能仅仅保持住工资不变或者还可能略略下降。电子产品价格下降幅度一年还不止 15% 吧。我们卖得越来越多，而利润却越来越少，如果我们不多干一点，我们可能保不住今天，更别说涨工资。不能靠没完没了的加班，所以一定要改进我们的管理。"

在大目标面前，人们容易产生一种恐惧感，觉得可望而不可即，于是总想着放弃。而且目标太"大"，就不容易出成绩，时间一长，人们就会因为没有成就感而变得沮丧，甚至可能放弃目标。但是，把大目标分解成小目标后，目标就在眼前，既容易找到，也容易完成。人们的信心就会大增，当然会更努力前进了。所以，无论你树立的是关乎人类命运的"大目标"，还是关乎个人命运的"小目标"，要想实现目标，都应该将其量化，一小步、一阶段地实施。否则，你的目标很有可能永远停留在你的心上，或者会拖延一段很长的时间。从现在开始，当你有了一个目标后，一定要记得将其量化，把树立的目标量化成几个小目标，然后全力以赴完成第一个小目标。在达到之后，就用尽全力实现第二个小目标。这样，你就会一直很有激情地实现最后一个小目标，你就会攀登到成功的顶峰。

对于企业来说，作为一些职能部门岗位来说，工作繁杂琐碎，无法确定其工作核心是什么，不好量化，而且量化了也不一定做得全面、客观。此类典型职位包括办公室主任、行政人员、内勤等。碰到这种情况，我们可以采取目标细化的方式：首先对该职位工作进行盘点，找出该职位所承担的关键职责，然后运用合适的指标进行量化。这样，经过细化的指标就基本上能够涵盖其主要工作。如办公室主任，经过梳理其关键职责有几条，然后就可以用相应指标衡量了。

不止工作指标越来越细化，作为华为人力资源部负责招聘工作的孙维的工作内容也越来越强调用数字说明工作的完成情况。

孙维接到写计划书的工作安排。"月初先把该月计划要做的工作列出来，月底看完成情况。"孙维说，"不仅如此，许多以前没有见过的细化指标也出现在我的工作计划书里。"

在他的工作计划书中，"招聘成功率"及"新聘员工的离职率"代替了原来的"是否招到人"和"招到几个人"的考核条目。

此外，许多之前难以考核的定性指标也逐渐量化，比如实施公司 HR 信息的管理或上报提交。"这是人力资源部的一个常规工作，每个月都做，有时候可能信息根本就无须改动，也要报上去，原来的考核指标是：你报还是没有报？这是纯定性的，作为上司，只有'是'与'否'的两个定性的选择。这在操作过程中显然有不尽合理之处。"孙维举例说，"比如，有时候可能按时报上来了，但数据有一些小差错，你怎么衡量？有时候可能是推迟一天报上来了，但信息是准确无误的，这又该如何判定？"

后来，考核孙维的这个指标也实现了数字化，分解为"员工人力资源信息与实际情况的吻合程度"、"员工信息有变动的时候是否及时更新（如每周更新）"、"是否按时上报"等考核指标，把这些指标套进 A、B、C、D、

E 五级评分标准中进行评估，如此，对员工的工作要求就一目了然，HR 信息定时上报的情况得到了彻底改变。

值得注意的是，在华为，考核推行的步骤也被量化了，实施强制分布原则，分为 A、B、C、D 四个档次，规定每年底，属于最低 D 档级的不得少于员工数的 5%，(三级主管以下) 季度考、中高层管理人员半年述职一次，在考核的同时，设定下季度的目标。如果属于 D 档的，晋升与薪酬都会受到影响。[1]

第二节　不能量化尽量细化

有人做过一个实验：组织三组人，让他们分别步行到十公里以外的三个村子。

第一组的人不知道村庄的名字，也不知道路程有多远，只告诉他们跟着向前走就行了。这些人刚走了两三公里就有人叫苦，走了一半时有人几乎愤怒了，他们抱怨为什么要走这么远，何时才能走到。有人甚至坐在路边不愿走了，越往后走他们情绪越低落。

第二组的人知道村庄的名字和路段，但路边没有里程牌，他们只能凭经验估计行走的时间和距离。走到一半的时候，大多数人就想知道他们已经走了多远，比较有经验的人说："大概走了一半的路程。"于是大家又簇拥着向前走。当走到全程的四分之三时，大家情绪低落，觉得疲惫不堪，而路程似乎还很长。当有人说"快到了！"大家又振作起来加快了步伐。

1　华为的绩效考核秘诀你知道么 [A]. 总裁学习网，2013（6）.

第三组的人不仅知道村子的名字、路程，而且路边每一公里就有一块里程牌。人们边走边看里程牌，每缩短一公里大家便有一小阵的快乐。行程中他们用歌声和笑声来消除疲劳，情绪一直很高涨，所以很快就到达了目的地。同样的一段路程，类似的三个团体，而结果的反差却如此之大。其实这不难理解：

人们如果清晰地了解自己行动的目标和进度，就会自觉地克服一切困难。目标设计得越具体、越细化，就越容易实现。通常我们的悲剧不是无法实现自己的目标，而是不知道自己的目标到底是什么。[1]

管理大师彼得·德鲁克曾说过的一句经典的话叫作"管理就是要可衡量"，而对于如何才能做到可衡量，他的解释是"能量化的尽量量化"。于是"能量化的尽量量化"这句话被奉为圭臬。其实很多工作是无法完全量化的，凡是涉及思想的、艺术的、创造的、意识的、人文的，等等，都是很难量化的。试想，哲学能量化吗？伦理、道德能量化吗？绘画能量化吗？艺术设计能量化吗？显然不能。在企业管理中，干扰产出结果的因素越多就越无法量化。比如，只有市场策略明确，销售目标清晰，销售人员才可以用指标量化自己的业绩，反之则一定混乱。再如，制造业的大批量生产，相对产出结果比较单一，业绩考核指标则相对容易量化，而如果是小单定制的情况，简单地进行量化的考核则就未必合适。

现代人太性急了，只听了德鲁克大师刚说完一句话就马上跑了，其实大师还有句话是这样说的"不能量化的就要细化"。这句话太重要了，什么是"细化"？"细化"就是分解，找出影响产出结果的相关因素，对其进行更加细致的描述。比如，麦当劳、肯德基的环境整洁度指标如何量化？用

1　彦毓 . 20 岁开始 30 岁成功你拿这十年做什么 [M]. 长春：北方妇女儿童出版社，2011.

空气质量、污染度都不合适。环境整洁度受地面、桌面、玻璃这三个主要因素影响，而这些都无法用量化指标来衡量，只有细化。比如可以规定做到：地面无水渍、桌面无污渍、窗户无指印，这个环境整洁度应该就可以保证了。[1]

作为一些职能部门岗位来说，工作繁杂琐碎，无法确定其工作核心是什么，不好量化，而且量化了也不一定做到全面、客观。此类典型职位包括办公室主任、行政人员、内勤等。碰到这种情况，我们可以采取目标细化的方式：首先对该职位工作进行盘点，找出该职位所承担的关键职责，然后运用合适的指标进行量化。这样，经过细化的指标就基本上能够涵盖其主要工作。表4-2为办公室主要工作的细化指标：

表4-2　办公室主要工作

岗位职责	考核指标	考核标准
文件起草	文件的通过率	领导交办的文件能够 × 次通过
制度检查	人员违规次数	人员违规次数不多于 × 次
公司会议组织	及时性 人员满意度	会议能够准时举行 参与人员满意度达到百分之几
后勤服务	人员满意度	各部门满意度达到百分之几

再举个例子，年会组织工作的绩效如何考核？以结果为导向，希望年会取得圆满成功，要达到圆满成功就要使参加年会的人吃好、玩好，节目好，有惊喜，要实现这几点，就要选择不同档次的酒店和相应的菜谱，设计好玩的游戏，编排好看的节目，并有抽奖作为惊喜，这些都是要实现年会圆满成功的细化内容，然后对每项细化内容再进行可衡量的描述，这样做的考核指标才能用，才好用；否则只用量化指标来设定，那通常就会设年会

1　方旭.绩效考核不能陷入"量化"误区[A].今晚网，2012.2.

满意率多少、投诉率多少等很不靠谱的指标。试想谁又会愿意在年会结束后，填写满意度调查表呢？

在考核方式上，《华为基本法》中规定："员工和干部的考评，是按明确的目标和要求，对每个员工和干部的工作绩效、工作态度与工作能力的一种例行性的考核与评价。工作绩效的考评侧重在绩效的改进上，宜细不宜粗；工作态度和工作能力的考评侧重在长期表现上，宜粗不宜细。考评结果要建立记录，考评要素随公司不同时期的成长要求应有所侧重。在各层上下级主管之间要建立定期述职制度。各级主管与下属之间都必须实现良好的沟通，以加强相互的理解和信任。沟通将列入对各级主管的考评。"继 1996 年推出考核制度之后，任正非认为应该进一步完善考核制度，以此激发员工释放最大的潜能。

在华为，每年的年初，每位员工都需要制定绩效目标，然后根据这个目标由直接主管对他进行不定期的辅导、调整。考察目标完成的情况和存在的问题，在年中六七月时作回顾和反馈，最后才是年底的评估考核，并把绩效结果和激励机制相挂钩。

在华为的考核处理中，集体考核与个人考核既统一又分离。比如在全国的办事处评比中，杭州办事处得了较低的评价 "C"，那么具体到办事处的个人，考核的等级都要受到牵连，总体评价水平都要下降，可并不妨碍表现好的个人照样得 "S"。二者很好地达到了平衡。

华为的原则就是，不管花多大代价，一定要把公司目标管理体系理顺，这个目标管理既是目标本身的，更是有关目标中的人的。

第三节　不能细化的尽量流程化

德鲁克关于可衡量还有最后一句话"不能细化的流程化"。这句话揭示了管理的另一个真谛"过程正确，结果才有可能会好，过程不可控，结果一定不会好"。还以麦当劳、肯德基为例，看其洗手间的卫生状况如何保证。我们可以看到，在其洗手间门后的插卡处会有保洁人员定时填写工作记录，按规定每半小时保洁人员就要对洗手间清洁一次，如果按环境整洁度来要求，则洗手间就时刻也离不开保洁人员了，而这样做，人员配置就过高了。保安巡逻也是如此，定时定点要巡视到，通过流程化来固定过程通常就能确保最终的结果。

职能部门有很多岗位，工作比较单一，往往一项工作做到底，这种工作用量化、细化好像都无法准确衡量其价值。如打字员，其工作就是天天打字，忙得不可开交，类似的工作还有会计、培训专员、监察员等。针对这种工作，可以采用流程化的方式，把其工作按照流程分类，从中寻找出可以考核的指标。如打字员工作流程：接稿—打字—排版—交稿，针对每个流程，我们都可以从多个维度来衡量，对评价标准我们还可以列出相应等级。如果考核的话，就由其主管按照这些标准征询其服务客户意见进行打分评估。如打字员的评价标准如表4-3：

表4-3　打字员的评价标准

流程	指标	标准
接稿	客户满意度	对人员要求能及时答复，无不礼貌举止
打字	文稿质量	优秀：能纠正原文中的语法错误 良好：能主动纠正原文中的错别字 合格：文稿100%无错别字
排版	版面质量	版面美观大方，令人赏心悦目 版面设计一次完成，不需要客户反复修改
交稿	及时性	总是能在客户要求的时间之内完成

华为发展的某一个阶段，硬件部、软件部工程师天天都在加班开发新产品，而为什么做这个新产品，并没有经过仔细论证。产品问题不断，更要命的是等推出来时市场时机已过，大家白忙活一场。研发部下一步如何发展，没有人知道，"看市场和项目情况吧"。研发部总监天天在会上总结："研发已经做得很好了，就是在市场上卖不出去。"市场部总监的总结却是："市场形势一片大好，就是研发做不出来。"这种案例，应该是人家经常会遇到的。究其原因，可能会比较多，但其中一个重要方面，就是不具备完整的研发体系，缺乏正确的研发流程，在研发的技术管理方面更是一片空白。

华为公司1996年之后体系化的研发分三大部门，这三个部门也相当于进行了研发流程重建：

（1）产品战略研究规划办公室，由郑宝用任总裁，负责公司整体的产品战略研究和输出，指导中研部的产品研发方向，目标是回答"做什么产品"，以避免"做错产品"。

（2）中央研究部，主要组织产品的会战，一旦认定某项产品的潜力，就全力以赴地攻坚，其任务是一定要实现产品研发的目标。1996–1999 年，该部门都由李一男负责，目标是"做出产品"，以避免出现无法向市场按时交付产品的情况。

（3）中试部，负责产品的小批量生产验证测试、产品生产工艺、产品从研发转生产前的成熟度研究。华为的几任副总裁均负责过中试部，目标是"做好产品"，发现产品可能出现的质量问题并在研发早期加以解决。

三大系统是平行的，技术人才都分布在这三个部门，共同构筑了早期华为的研发体系。[1]

1998 年，华为研发部门进行了更为专业的流程化——集成产品开发(Integrated Product Development，简称 IPD，是一套产品开发的模式)。

中研部是华为头一个面临 IPD 挑战的部门。以前中研部全权负责研发，市场部门负责销售，中研部做什么，市场部门就卖什么。现在，产品做成什么样完全由不得研发人员，别人都得参与，而这些"别人"在以前都是和研发根本不搭界的人。

新的运作流程变为，市场代表带着产品规格、技术参数等信息到市场上搜集客户反馈，据此考虑市场空间、客户需求的排序，哪些需求会对未来产品的市场潜力和竞争力产生重大影响,等等。在市场人员的强烈参与下，产品的概念得以形成。

接着，财务代表根据市场代表提供的市场数据算账：需投入多少研发工程师、仪器设备成本、制造成本、物料成本、产品生命周期内销售额、利润等，一份"商业计划书"诞生了，用以说服 IPMT(投资管理委员会，分产品线设立，共有 9 个) 同意为该产品投资。

---

1 张利华 . 华为研发 [M]. 北京：机械工业出版社，2009.

用户服务工程师以前对中研部意见最大，因为产品出了问题，没完没了替中研部兜着的是他们。推行 IPD 后，在产品策划阶段，用户服务代表"新仇旧恨一起算"，一口气提出 100 多条可维护性需求，在产品设计时就考虑这些可维护需求，对提高产品未来的市场竞争力极有好处。

采购人员也没等项目开始研发，就引入了元器件供应商的竞争和谈判，结果使整个产品的成本降低了 40% 还多。而以往元器件的选择往往由研发人员决定，他们更多的是想如何使产品功能更强大，很少从降低成本角度考虑。财务和采购的及早加入，使产品的成本竞争力提高了许多。

这样，以前贴近市场需求的企业文化和自发行为，以流程的方式固化下来了。[1]

综上所述，绩效考核需要做到可衡量，但可衡量并不代表一定要量化，面对那些难以量化的考核项目，可以考虑通过工作细化和流程化的方式来做考核。所以，绩效考核决不能为了考核而考核，更不能陷入"量化"的误区。

2009 年 5 月，任正非在其文章中也曾谈过流程化，他这样评价了华为的管理："我们从杂乱的行政管制中走出来，依靠功能组织管理的方法虽然在弱化，但流程化管理的内涵还不够丰富。流程的上、下游还没有有效'拉通'，基于流程化工作对象的管理体系还不是很完善。组织能力还不能达到可重复、可预期、可持续化的可值得信赖的程度。人们还习惯在看官大官小的指令来确定搬道岔。以前还出现过可笑的工号文化。"

"工作组是从行政管制走向流程管制的一种过渡形式，它对打破部门墙有一定好处，但它对破坏流程化建设有更大的坏处。而我们工作组满天飞，流程化组织变成了一个资源池，这样下去能建设成现代化管理体系吗？一

---

1 华为：骨子里的中华魂 [A]. 新浪，2009（12）.

般而言，工作组人数逐渐减少，流程化的建设与运作就越成熟。"

华为公司的宏观商业模式是：产品发展的路标是客户需求导向，企业管理的目标是流程化组织建设。

至于为什么企业管理目标就是流程化的组织建设，任正非在其文章《在理性与平实中存活》中给予了回答："今天大家进行管理能力的培训，如IPD、ISC、CMM……以及任职资格和绩效考核体系一样，都是一些方法论，这些方法论是看似无生命实则有生命的东西。它的无生命体现在管理者会离开，会死亡，而管理体系会代代相传；它的有生命则在于随我们一代一代奋斗者生命的终结，管理体系会一代一代越来越成熟，因为每一代管理者都在我们的体系上添砖加瓦。所以我们将来留给人类的瑰宝是什么？以前我们就讲过华为公司什么都不会剩下，就剩下管理。为什么，所有产品都会过时，被淘汰掉；管理者本人也会更新换代，而企业文化和管理体系则会代代相传。因此我们要重视企业在这个方面的建设，这样我们公司都会在奋斗中越来越强，越来越厉害。刚才有人提问不理解IPD、ISC有什么用，是认识问题，这个东西有什么用？为什么我要认真推IPD、ISC？就是在摆脱企业对个人的依赖，使要做的事，从输入到输出，直接端到端，简洁并控制有效地连通，尽可能地减少层级，使成本最低，效率最高。就这么简单一句话：要把可以规范化的管理都变成扳铁路道岔，使岗位操作标准化、制度化。就像一条龙一样，不管如何舞动，其身躯内部所有关节的相互关系都不会改变，龙头就如 Marketing，它不断地追寻客户需求，身体随龙头不断摆动，因为身体内部所有的相互关系都不变化，使得管理简单、成本低。"

HUAWEI

第五章

目标必须是可以达到的

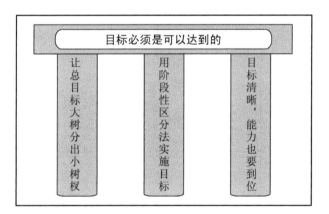

目标必须是可以达到的

让总目标大树分出小树杈　　用阶段性区分法实施目标　　目标清晰，能力也要到位

第一节　让总目标大树分出小树杈

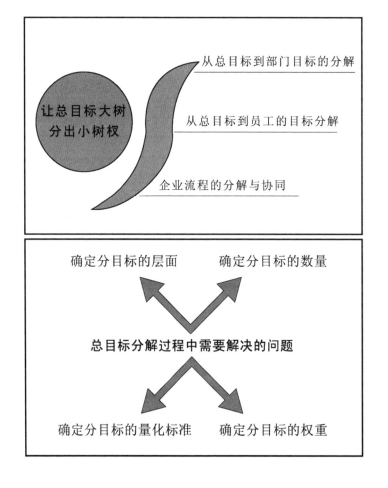

让总目标大树
分出小树杈

从总目标到部门目标的分解

从总目标到员工的目标分解

企业流程的分解与协同

确定分目标的层面　　确定分目标的数量

总目标分解过程中需要解决的问题

确定分目标的量化标准　　确定分目标的权重

曾经有记者问一位中国著名的企业家——万象集团的鲁冠球："你为什么能够成功？"他说了 9 个字："有目标、沉住气、悄悄干。"他是一个纯粹农民出身的企业家，他也是那一代企业家中唯一 30 多年都没有倒的人，他先做一个小公司，后来做成万象集团，他把成功的方法用这 9 个字全部说尽了。

什么是有目标呢？如果你早上起来，发现今天什么事都不用做，第一天，也许你感觉挺轻松；第二天，会很迷茫；第三天，就想找栋高楼跳下去。有目标，就意味着心中有一个梦想，想去实现。找不到工作，那明天起来就开始找工作，这就是幸福，因为有目标可以追求。如果你有了工作，你想变成部门经理、公司副总、总裁，这也是目标；如果你想创业，想自己干伟大的事业，这都是目标。有了目标，你就不会犹豫、不会摇晃、不会迷茫，每天起来，都觉得自己有事可以干。

当目标被清晰地分解了，目标的激励作用就显现了，当我们实现了一个目标的时候，我们就及时地得到了一个正面激励，这对于培养我们挑战目标的信心的作用是非常巨大的！

对于企业来说，更需要将主要目标和分目标，各部分目标之间要相互配合，方向一致。因为人人参与管理，给每一位员工一个充分发挥潜能的"自由空间"，方能达到"众人拾柴火焰高"的理想状态。每个管理人员和员工的分目标，就是企业目标对他的要求，同时也是他对总目标的贡献。只有每个管理人员和员工都完成了自己的分目标，整个企业的总目标才有完成的希望。

企业高层管理者根据企业的发展战略与企业所处的具体经营环境，制定企业的总体经营目标，也就是我们所提的宏观目标。在这个过程中必须做好充分的准备，可以通过广泛收集资料来进行调查研究，从而确保企业发展战略目标的清晰。一般来说，制定企业的宏观目标需要遵循以下原则：方向明确，令人鼓舞；年度目标必须量化、质化，可被分解。

要达到上面的要求是不容易的，现在很多企业在确定目标时往往会出现这样或那样的问题，陷入一个又一个误区：宏观目标指标惊人——吹破牛皮；年度目标模糊不清——无所适从；战略目标绝对保密——少有知晓；部门目标互不支持——各自为政；个人目标行政指令——缺乏回路。

为了有效地确定企业的目标，管理者应该怎样去做呢？以下总结的内容是在确定目标时必须要考虑的方面和内容：

公司未来 5～10 年的奋斗方向：奋斗方向有没有确定下来？内容是什么？

公司和竞争对手的互动关系：竞争对手有哪些？互动关系如何？

全体员工必须认同的价值观：有没有必须认同的价值观？内容是什么？如何巩固和加强？

公司股东董事会关注的核心：关注什么？为什么关注？

可以量化质化的决策和计划：内容？数量？要求？重要程度？

建立企业文化和团队的依据：企业文化和团队的状态？特征？是否支持企业的发展？有何新的要求？

各级员工思想和行为的准则：崇尚什么？支持什么？反对什么？摒弃什么？[1]

总目标分解过程中需要解决的四个问题：

1. 确定分目标的层面

分目标层面通常适用木桶理论和拳头理论。

---

[1] 周坤.目标与绩效管理 [J].时代光华.

木桶理论。木桶理论是说一只水桶能盛多少水，并不取决于最长的那块木板，而是取决于最短的那块木板，也称"短板效应"。在确定分目标时，要考虑当前在企业四个层面的工作中，究竟哪个层面是制约企业总目标实现的"短板"。

拳头理论。拳头理论是说一个企业要保持其竞争力，不但要做到四个层面均衡发展，还要做到具有独特的竞争优势，这一竞争优势就是企业的"拳头"。

企业在确定分目标时，要综合考虑企业的"短板"和"拳头"，改变"短板"的落后态势，增加"拳头"的竞争优势。

2. 确定分目标的数量

分目标的数量对于企业成功与否至关重要，目标的过度细分会造成企业管理者精力分散，也会使下级无所适从，导致总目标不能实现。

在通常情况下，企业在每个确定的层面下应该只选择一个到两个目标。这既有利于保证目标体系的完整性，又有利于保证目标系统的可行性和统一性。

3. 确定分目标的权重

企业的能力和资源是有限的，即使企业已经严格地控制了分目标的数量，也应该按照重要程度对确定的分目标进行排序，并且对每个分目标赋予一定的权重。只有这样，才能够保证企业集中人、财、物等资源完成首要目标。

4. 确定分目标的量化标准

没有量化的目标很容易成为不切实际的"浮标"，只有量化才可测定，可测定才可能积累！目标也只有量化才能对成功有益，能否量化是目标与空想的分水岭。[1]

从总目标到部门目标的分解

把确定好的公司目标分解到部门时，需要分清是部门可控目标还是可影响目标。同时，分解中要求各部门目标横向关联，以客户为中心。

部门可控目标分解：要从部门的关键职能入手，把公司级目标分解到各相关部门，在公司运营流程中，各部门都有其存在的理由，营销部要完成营销、生产部要实现生产，由此我们就可以把公司级目标分别分解到相关部门，如销售额分解到营销部，生产目标分解到生产部。这些目标都是部门关键职能所在，是部门可以直接控制的，从而成为部门的关键业绩目标。

部门可影响目标分解：许多公司级目标属于共担目标，不是单个部门可以直接控制的，但是是可以影响的，比如人员流失率目标、质量目标、降低管理成本等，这些目标需要分解给两个甚至多个部门。如何把这些目标分解到各部门，就需要认真审查各部门职能，看看部门有无此工作内容。如产品质量目标，生产部、质管部都有相应职能，因此就需要这两个部门共同承担。确定了部门后，然后再确定各部门在这个目标中承担什么样的责任。这同样需要审查部门职能的侧重点，根据各部门实际负责大小确定分配权重。比如关键人员流失率目标，不仅是人力资源部经理的事情，更是各直线主管的责任。从人力资源部职能中，主要涉及招人、育人、用人、留人的制度设计和组织实施，而各个部门则是具体实施这些制度，由此我们就可以分出责任来，如果公司面临着普遍的人员流失，那么人力资源部要承担主要责任。如果是个别部门的人员流失严重，那么这个部门的负责

1　谢邪.战略执行体系构建手册 [M].北京：机械工业出版社，2010.

人就要承担主要责任。这样直线主管才能对整个部门绩效、人员管理全面负责。

横向关联：把目标落实到各部门后，还需要确定各部门目标是否实现了左右关联、方向一致、相互支持和配合。如果各部门的目标冲突打架、左右撞车，造成严重内耗，这样的目标就不能保证企业整体目标的完成。

做到横向关联，就需要以客户为中心，客户的要求就是目标，内部客户也是客户，业务链下游部门要求什么样的服务，上游部门就应该提供相应的服务。由于销售是企业的利润源头，而这主要由营销部门来承担。因此营销部门的目标数值、工作质量和时间节点就成了其他部门制定目标的主要基准。生产部的计划、研发部的质量等目标都要与营销部看齐，以它的要求为要求。由于职能部门主要为业务部门提供服务和支持，因此，业务部门需求就是其制定目标的主要依据，这样，职能部门服务意识也会大大增强，而不是图自己方便。如提高人员效率，就需要人力资源部为各业务部门人员提供高质量的培训；留住大客户，需要财务部提供相应的账期延缓服务和相应资金保障，如图 5-1（横向目标分解关联图）。[1]

图 5-1　横向目标分解关联图

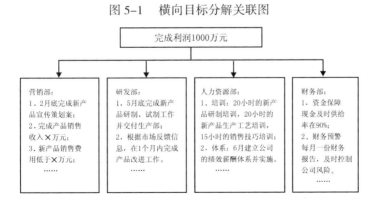

1　杨玉柱.华为时间管理法 [M].北京：电子工业出版社，2011.

从部门的关键职能要素着手，将总目标分解到相关职能部门。被分解出的目标是相应部门可以直接控制的关键目标，在分解时要根据各部门的侧重点，确定目标分配的权重比例。将确定好的目标分解到职能部门时，要做到部门目标之间的横向联系，即实现部门间的左右关联、总目标一致及彼此间的相互支持与配合。

下面是华为产品开发目标到研发部的目标分解，如表 5–1 所示。

表 5–1　产品研发部的可实现目标分解 [1]

过程	子过程	指标	目标	统计	频次
产品开发	过程设计与开发策划	开发按时完成率	≥ 80%	技术科	年 / 次
		关键路径如期完成率	≥ 80%	技术科	项 / 次
	PFMEA 过程	采取措施后 RPN 值符合率	≥ 90%	技术科	年 / 次
	产品 / 过程更改	更改及时率	≥ 95%	技术科	年 / 次
	产品与过程确认	样件提交一次成功率	≥ 80%	技术科	年 / 次
		PPAP 提交一次成功率	≥ 80%	技术科	年 / 次
	项目移交与总结	首批生产非预计不合格项比例	≥ 20%	生产科	项 / 次

任正非在其文章《不做昙花一现的英雄》中这样写道："产品最后体现出来的经济指标是产品的市场覆盖率、占有率、增长率。考察我们的管理是否有效的指标，就是这三个。因此我们现在制定的 KPI 指标要围绕公司的总目标来分解和贯彻，不能各部门孤立地去建立 KPI 指标。每个部门与产品的覆盖率、占有率、增长率都有一定的关系。在总目标引导下的管理与服务目标分解，才会起到综合治理的作用。就如长江防洪，不能沿江七省各搞各的一样。"

"外延的基础是内涵的做实，没有优良的管理难以保持超过竞争对手的速度。内涵的做实就是公司各级管理体系的不断优化。内涵的做实是管理中的根本点。各部门的工作不尽如人意，其实就是内涵没有做实。不论从销售上、科研上、生产上，还是提供的各种服务上，各部门是不是围绕公司的总目标已经做得很好了，对公司《基本法》的认识已很深刻了？如果我们对公司总目标没有一个整体的、准确的、全面的理解，而只孤立地在一小块一小块地方去思考自己管理的进步，我就担心你的进步是建立在制约别人的进步上，那么对整体的进步并没有产生巨大效应。因此管理的目标性应该很明确，内涵做实的目标也应很明确。"

华为研发部人员的绩效考核体系的关键绩效指标如下：

（1）财务绩效指标；

（2）客户满意指标；

（3）内部管理指标；

（4）员工成长与创新指标。

华为研发部人员的绩效考核体系的岗位能力素质要求评估如下：

（1）工作能力；

（2）工作任务；

（3）工作态度；

（4）工作协调；

（5）纪律性；

（6）成本意识。

华为部门目标的设定流程如图5-2：

图 5-2   部门目标的设定流程

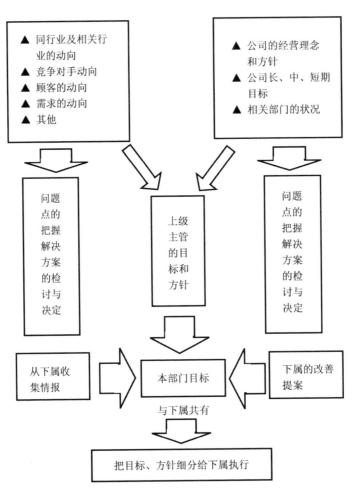

从总目标到员工的目标分解

团队管理者要及时将目标落实到每个员工身上，以保证团队目标的实现。在分解目标时，要将目标分解为可执行的小单元。

华为认为，要想使目标对于任何员工都是可实现的或可以影响员工的执行结果，就应从职能部门或员工的职责着手，分别采取不同的目标分解方法，对目标进行有效分解。

华为分解目标是从员工职责入手，将目标自上而下进行分解，并最终落实到基层员工身上。员工只有明确了自己的工作内容，才能更自发地为团队服务，从而实现团队的目标。

比如，前台的工作职责主要是接待来访客户，而公司的目标是实现1000万元的销售额。假设前台在接待工作中态度恶劣、形象邋遢，那么前来拜访的客户很可能对公司产生不好的印象，从而取消1000万元的订货。这就是前台工作职责与团队目标的关系。因此，为了实现公司1000万元的销售目标，前台必须用一流的形象和服务接待客户。在这里，一流的形象和服务就是一个分目标，而且这只是一个笼统的目标。

寻找战略目标的关键支撑因素，最好采用自上而下的系统思考方法。先从最终目的开始，确定需要的路径有哪些，需要具体做哪些事情才能保障其实行。同时确定公司现在存在的最大短板是什么，克服它的方法和手段有哪些？寻找支撑要素要求全面，找到尽可能多的相关因素，直到穷尽为止。同时，不仅要寻找出显性要素，还要找出其背后的隐性支撑要素，寻找它们的内在关联关系，通过寻根究底，顺藤摸瓜。这样完成企业目标的多个支撑要素就都会找到，然后根据重要性进行排序，这样就把总目标分解出很多内容，例如：收入增长，出现利润增长的目标客户市场，以及为了创造和保持预期增长所需的人力与投资，相关软硬件设施的配套等，从而形成了公司层级目标系统。

在确定目标责任时，要切实考虑岗位职务因素，自上而下地按层次逐级落实，从而建立起"目标—责任展开图"。"目标—责任展开图"如图5-3

所示。

图 5-3　目标—责任展开图

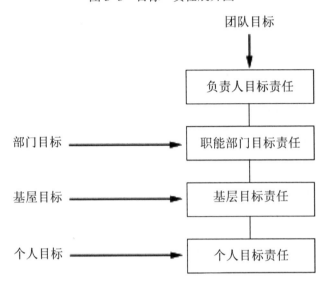

参照上述基本模板，再对各部门目标与责任加以深入拓展。[1]

华为公司内部的口号很实际，不空洞，因此常被人说是灰色的。但员工听了很亲切，能实现，慢慢地就做起来了。但把这些灰色的口号叠加在一起，就会发现它与国家的精神目标是完全一致的。比如，各尽所能，按劳分配。怎么使员工各尽所能呢？关键是要建立公平的价值评价和价值分配制度，使员工形成合理的预期，他相信各尽所能后你会给他合理的回报。而怎么使价值评价做到公平呢？就是要实行同等贡献，同等报酬原则。不管你是博士也好，硕士也好，学士也好，只要做出了同样的贡献，公司就给你同等的报酬，这样就把大家的积极性都调动起来了。

1　孙昌华.带出团队正能量 [M].北京：机械工业出版社，2014.

企业流程的分解与协同

美国企业史学家钱德勒说，现代企业的根本难题就是不断专业化分工之后如何协同。体力劳动的协同，可以依靠外化的标准，形成明确的输入、输出和工作方法。知识劳动的输入、输出和工作方法非常难以标准化，协同起来就无比困难。

把责任分层落实相对容易，分流程落实难上加难。很多老板焦头烂额，大约70%是作为裁判，处理部门协同的问题。久而久之，变成老板一个人指挥各个部门，员工成了"听令行事"者，丧失独立思考及做事的能力。系统的基础是流程化。不是有没有流程的问题，而是能不能在专业分工的基础上形成协同的问题。任正非的高明之处，恰恰是把一个打乱仗打得还不错的华为带到了组织化状态，学会了流程化。从集成研发、集成供应链、集成财务等等，华为学会了协同，建立起系统。

这是很艰难的过程。很多企业都试图这样做，但大多半途而废。华为当年请 IBM，同样面临煎熬。管理者不停地向任正非诉说：那一套不适合华为，我们的效率反倒下降了；顾问先说英语然后再翻译给我们听，我们相当于花费双倍的钱；那一套系统太大了，我们小脚穿了一双大鞋，脚趾头还露在外面……各种言论，都指向一点：放弃管理，回到过去。但任正非毫不迟疑，提出"削足适履"，先僵化再优化，终于成功。

华为的流程化道路是每个有追求的企业都要经历的。企业如果不能协同，不能形成系统，就永远无法发挥组织化的力量，老板也就永远是个报时者，或者精疲力竭而死，或者极度厌倦而弃。[1]

1　白刚.华为的管理为什么会成功 [A].新浪专栏，2014（5）.

基于流程的战略目标分解

　　企业战略目标或者流程、活动目标，绝大多数是一种文字叙述，是对预期结果的描述。要想把这种文字的东西通过数学计算进行分解，似乎是不太可能的事。目标分解本身依然是一个主观活动，可采用下图所示的工具性图表来进行企业战略目标的分解工作。

表 5-2 企业战略目标分解单

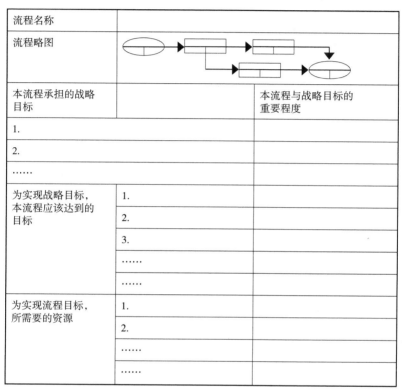

流程名称		
流程略图		
本流程承担的战略目标		本流程与战略目标的重要程度
1.		
2.		
……		
为实现战略目标，本流程应该达到的目标	1.	
	2.	
	3.	
	……	
	……	
为实现流程目标，所需要的资源	1.	
	2.	
	……	
	……	

"企业战略目标分解单"其目的是要把各个核心业务流程承担的企业战略目标转换为该流程的目标，转换的过程由战略目标分解小组成员进行。在该单中，首先绘出流程简图，明确该流程的各个子流程(活动)及其相互之间的关系。流程图框由三部分组成，分别表示活动的名称、活动承担者、活动的实现方式(或者活动完成时间)。

该单的第二个部分是列出本流程要承担的企业战略目标，以及该流程与相应的战略目标的关系(重要程度)。重要程度的确定可用专家打分方式进行。

在以上两部分列于表单中后，分解者对流程情况和任务已经比较明确，下一步就要在该单的第三个部分进行企业战略目标分解的核心工作——确定流程目标。分解者根据自己对企业战略目标和流程的理解进行创造性的工作，列出流程应该达到的目标，以实现战略目标。

传统的战略目标分解（即分解到部门），是从目标出发，逐级向下分解，其着眼点是目标。把企业战略目标分解到流程，也可以采用这种方式，只需重新设计表单，每次关注一个目标，把它向关联流程进行分解，最后汇总各个战略目标的分解情况，即可得到各个流程的目标。但是，这样的分解方式把各个流程的目标放在了多次分解中，最后的流程目标通过汇总而成，势必造成流程目标的零乱。

采用上图的表单进行战略目标分解时，把着眼点放在流程上，企业战略目标作为流程的一个约束条件，在该条件下确定流程目标，这样更有利于保证流程目标的系统性。当那些与战略实现有关的各个核心业务流程的目标确定后，企业所制定的战略目标即实现了分解到流程。

在确立了流程目标后，还需要确定实现流程目标所需要的资源，即填制分解单的第四个部分。流程目标的实现，除了流程自己运作的效率因素外，有的需要资金支持，有的需要人力资源支持，有的需要设备支持，有的需要信息系统的支持。在确定流程目标的时候，必须从流程顺利运行的角度出发，充分考虑有可能限制流程实现目标的因素，并提出资源要求。这是企业衡量目标可行性以及战略实施时资源分配的重要依据。也是相关职能部门（如财务、人力资源）在战略管理中确立工作目标的重要依据。各流程提出资源需求时，要注意合理性，虽不可能很精确，但也不能狮子大开口，要考虑全局需要。

战略目标分解小组在进行目标分解时，不同的分解者可能会分解出不同的流程目标和所需资源，此时，需要进行流程目标的整合。一般来说，如果分解者与各个流程没有利益关系，即使分解出的目标不一致，所列举的资源需求不一致，通过大家充分的讨论沟通，也可以获得一致意见。不能取得一致时，则采取专家打分方式进行选择。[1]

第二节　用阶段性区分法实施目标

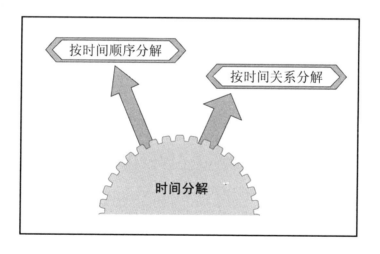

如果目标没有设定完成的时间限度，那么这就不是目标，而是空想。如果想让目标实现，最好的办法就是确定一个精准的完成时间。而目标的管理，也完全可以从不同阶段来加以区分，同时，目标也因具体的阶段性

1　文忠波.基于流程的企业战略目标分解研究.攀枝花学院学报，2009（4）.

区分而更易于实现。

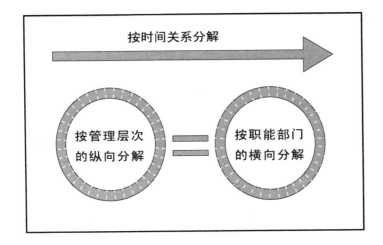

按时间顺序分解。制定出目标实施进度，以便于实施中的检查和控制。这种分解形式构成了目标的时间体系。

按时间关系分解，其中又包括以下两种：

（1）按管理层次的纵向分解，即将目标逐级分解到每一个管理层次，有些目标还可以一直分解到个人；

（2）按职能部门的横向分解，即将目标项目分解到有关职能部门，这种分解方式构成了目标的空间体系。

如某企业的目标管理中，公司制定了 6 项目标、37 项目标值，分解到各科室、车间后，形成了 75 项目标、101 项目标值，再分解到班组、个人，全公司共形成了 2000 多个目标值。

一个管理组织的目标，如能按时间关系和空间关系同时展开，形成有机的、立体的目标系统，不仅使各级管理人员和每个人对目标的整体一目了然，也能明确各部门或个人的目标在目标系统中所处的地位，有利于调动人们的积极性、主动性和创造性。

目标的实现是一步一步的，不可能跳过任何一步。王宁（化名）在华为做科研工作已有 3 年，对于计划分解极有经验。他说："进行技术优化前，我通常会细致地划分目标完成阶段，制定一个个易于实现的小目标。例如，每天接受多长时间的培训或学习，什么时候可以大致了解，什么时候可以熟练，什么时候能发现技术中存在的缺陷，什么时候能够从掌握的技术中提炼出更新、更贴近用户的技术……最后确定总目标实现的时间。而这个时间的确定，通常我会留出 10% 的宽裕时间，以免因突发事件或临时任务导致目标无法按时完成。"王宁通过循序渐进地实现一个个小的既定目标，最终实现总目标。

在华为公司的计划体系中，采购计划属于计划工作的最后一个环节。销售计划是龙头，采购计划分解销售计划，在众多人眼里采购计划部只是一个操作、执行部门。况且，华为利用的是公司花大价钱推行的 MRPII 系统，所以采购计划员的工作在许多部门里被认为是简单、机械的工作。华为的计划运作模式是年度规划、季度调整、月度滚动。更多的人认为华为一个月花上几天的时间将计划做完即可高枕无忧。种种的猜测一方面说明了华为的工作还存在各种问题，另一方面也说明了有些部门对计划工作的不了解。很显然，如果能够仅靠 MRPII 就可以完成计划工作的话，华为就不会在采购计划部配备 10 名计划员，而且经常手忙脚乱、挑灯夜战。销售计划可以不准，但是采购计划不能离谱。计划员总是在库存与缺料之间寻找平衡。重视理性是一个计划员必须具备的素质，销售人员头脑发热，采购计划不能水涨船高。采购计划是联系公司和供应商的一条纽带，多级放大会产生"啤酒效应"，即华为紧需的物料因为华为的预测变小而供应商没有备货，而华为用量变小的物料却因供应商充足备货造成库存积压。采购计划员必须将华为的发展信息准确无误地传递给我们的供应商，他们身上更需要在市场波动较大时的理性。现在，华为将物料计划方式转变为"实单"和"虚单"一起下的方式，既可避免市场波动又可避免产品设计更改造成的损失。可见，采购计划并不是销售计划的简单分解，而是一个综合平衡过程。

计划员每天的工作都离不开 MRPII。计划是 MRPII 的一个重要模块，它以涉及数据口多而著称。其他部门的哪怕是一个很小的疏忽都有可能在计划这个环节暴露出来而影响准确性。因为任何人为的操作都会有失误，不能要求 100% 准确，所以计划员就必须做一个好的数据筛子。每做一次计划，华为都要进行分析与总结，将计划过程出现的问题及时反馈给其他部门，对 MRPII 问题的及时暴露既有利于本部门的工作改进，也是对公司管理的促进。

第三节　目标清晰，能力也要到位

目标的可实现性是指在现实条件下是否可行、可操作。我们常看到这样的情形：管理者过于乐观地估计当前形势，低估了达成目标所需要的条件，这些条件包括硬件条件、技术条件、系统信息条件、团队环境因素等，特别是人力资源条件，导致管理者制定了一个高于实际能力的目标。

可见，虽然清晰的目标是目标实现的最重要因素，但是，执行者是否具备执行的能力却是目标实现的基础。目标的实现与能力成正比。当员工能力与目标相匹配时，目标才更有执行力。

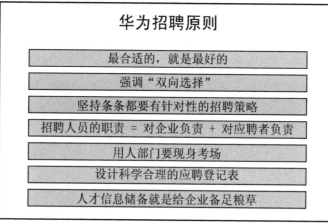

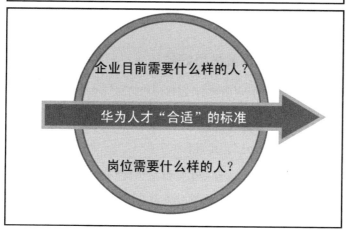

华为会选择具有什么样特质的人作为其目标实现者呢？

据华为一位前高管的研究，华为在选人方面有一项约定俗成的原则，即"寒门出身、心怀梦想、团队精神"，华为强调"胜则举杯相庆，败则拼死相救"，这些特质决定了华为人承受压力的韧性。

华为非常重视人才的招聘。在企业中，由于高层管理者之间存在着教育文化背景的差异，并因此影响了他们用人的理念，经常是人事主任推荐的候选人被用人经理否决，而用人经理看重的人又得不到人事经理的赞同。因此要想提高招聘效率，必须建立一个大家公认的招聘原则。

华为认为，看一个企业的招聘是否有效，主要体现在以下四方面：一是是否能及时招到所需人员以满足企业需要；二是是否能以最少的投入招到合适人才；三是把所录用的人员放在真正的岗位上，是否与预想的一致、适合公司和岗位的要求；四是"危险期"（一般指进公司后的六个月）内的离职率是否为最低。

根据以上四个要点，结合公司的具体实际，华为制定了一套详细的招聘原则，力求实现招聘效益的最大化。

原则 1：最合适的，就是最好的

标准要求是具体的、可衡量的，以作为招聘部门考察人、面试人、筛选人、录用人的标杆。因为人才不是越优秀越好，只有合适的才是最好的。

在华为，所谓"合适"，其标准如下：

（1）企业目前需要什么样的人？这是"软"的素质，这由企业文化决定。即选人是德才兼备、以德为先还是以才为先？是强调个性突出还是团队合作？是开拓型还是稳健型等等，这主要侧重于考察应聘者的兴趣、态度、个性等。

（2）岗位需要什么样的人？这就是"硬"的条件，人力资源部门通过职务分析明确该岗位的人需要具备的学历、年龄、技能、体能等。这侧重于考察应聘者的能力、素质等。

只有掌握了标准，招聘人员才能做到心中有数，才能用心中的这把"尺"去衡量每一位应聘者。否则稀里糊涂，根本没有办法从众多的应聘者中挑出企业所需要的人，更严重的是若是经过"层层筛选"出来的优秀的人才在试用一段时间后发现原来并不适合本企业，那么将造成企业财力和精力的极大浪费。

原则2：强调"双向选择"

即树立"双向选择"的现代人才流动观念，与应聘者特别是重点应聘者（潜在的未来雇员）平等地、客观地交流，双向考察，看彼此是否真正适合。

华为在进行招聘的时候，会特别向招聘人员强调"双向选择"这一条，绝不是像一些企业一样，为吸引应聘者，故意美化、夸大企业，对企业存在的问题避而不谈，以致应聘者过分相信招聘企业的宣传而对企业满怀期望。一旦人才进入企业，发现企业实际上并没有原先设想的那样好，就会产生失落、上当受骗的感觉，挫伤工作积极性。因此无论是在最初的招聘现场，还是最后一轮面试的双方交流，华为始终把彼此满意作为获取人才的基础。特别是在最后安排应聘者和相关负责人谈话和吃饭的时候，负责人会把发展前景、发展现状、普遍存在的问题等实事求是地向应聘者做客观的介绍。

原则3：坚持条条都要有针对性的招聘策略

企业选人是讲求"实用性"还是为后期发展储备人才？不同的目的有不同的招聘策略。华为这几年的招聘主要都是针对高校应届毕业生展开的，因此它更注重应聘者的发展潜力和可塑性，希望经过几年的培养，可以在将来用人的时候发挥作用。

如果你有观察华为的招聘信息，你可能也发现了，华为多数的招聘信息在经验的要求上都写着不限。这为应届毕业生提供了机会。应届毕业生好比一张白纸，更容易被接受企业传播的理念和文化。假设招聘的是有过工作经验的人，他们已经接触了社会，会有自己对企业的理解，很可能会与想要打造的华为团队格格不入，甚至还会影响到团队的其他人。再者应届毕业生精力旺盛，金钱对他们的吸引力极大，所以即使要求他们长时间处在工作岗位上，他们也很心甘情愿，因为企业提供足够高的薪资，他们对企业的黏性会非常大。

原则4：招聘人员的职责＝对企业负责＋对应聘者负责

招聘人员既要对企业负责，也应对应聘者负责，要树立"优秀≠合适，招进一名不合适的人才是对资源的极大浪费"的观念。

在华为，招聘部门会在每年年初就主动地参与企业和部门的人力资源规划、深入一线了解企业内部人员流动去向，随时掌握企业在各阶段的用人需求，以采取合适的招聘策略，及时为企业输送所需人才。

原则5：用人部门要现身考场

在传统观念中，招聘是人事部门的事，用人部门只管提出用人需求。实际上，只有用人部门对自己需要什么样的人最清楚，而且招进来的人的素质和能力直接关系到部门的工作成效。招聘不只是人力资源部的工作，而是上至CEO，下至部门主管所有人的工作。在招聘的过程中，华为会要求具体的用人部门和招聘部门一起完成招聘工作，华为甚至认为用人部门对招聘的配合、支持程度如何，直接决定了招聘的成败。

原则 6：设计科学合理的应聘登记表

有的企业会事先设计一张科学合理的应聘登记表，让应聘者填写企业需要特别关注的项目。通过面试前审查应聘者填写的资料，招聘企业可以淘汰一大部分明显不符合企业要求的人员，筛选出意向对象邀请其参加面试。

华为的招聘表格经过科学的设计，一张小小的表格就基本能反映出一个人的所有情况，例如在华为的登记表格上把软件细分为系统软件和应用软件，大大降低了面试的时间。

原则 7：人才信息储备就是给企业备足粮草

在招聘实践中，常会发现一些条件不错且适合企业需要的人才，因为岗位编制、企业阶段发展计划等因素限制无法现时录用，但企业很可能在将来某个时期需要这方面的人才。华为绝不会轻易就与这些人才擦肩而过，华为的人力资源中心会将这类人才的信息纳入企业的人才信息库（包括个人资料、面试小组意见、评价等），不定期地与之保持联系，一旦将来出现岗位空缺或企业发展需要，即可招入麾下，既提高了招聘速度也降低了招聘成本。

华为公司每年都会从高校和社会上招聘大量的人才，在招聘和录用中，招聘人员最注重应聘者的素质、潜能、品格、学历，其次才是经验。按照双向选择的原则，在人才使用、培养与发展上，提供客观且对等的承诺。华为有严格的面试流程，一般来说，一个应聘者必须经过人力资源部、业务部门的主管等环节的面试，以及公司人力资源部总裁审批才能正式加盟华为。

为了保障人才招聘的实际效果，华为公司会在正式招聘之前建立一个面试资格人管理制度，对所有的面试考官进行培训，合格者才能获得面试资格。而且公司每年对面试考官进行资格年审，考核把关不严者将取消面试资格。华为认为，招聘人员是公司招聘人才的第一道门槛，如果这些人自身素质都很一般，那么是不可能指望他们能独具慧眼地选拔出公司需要的优秀的人才的。

HUAWEI

第六章

各目标之间要有关联性

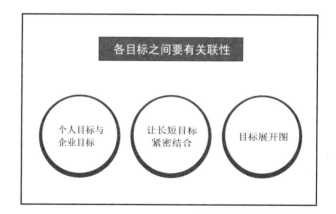

第一节　个人目标与企业目标

有个人经过一个建筑工地，问那里的石匠们在干什么？三个石匠有三个不同的回答：

第一个石匠回答："我在做养家糊口的事，混口饭吃。"

第二个石匠回答："我在做整个国家最出色的石匠工作。"

第三个石匠回答："我正在建造一座大教堂。"

三个石匠的回答给出了三种不同的目标，第一个石匠说自己做石匠是为了养家糊口，这是短期目标导向的人，只考虑自己的生理需求，没有大的抱负。

第二个石匠说自己做石匠是为了成为全国最出色的匠人，这是职能思维导向的人，做工作时只考虑本职工作，只考虑自己要成为什么样的人，很少考虑组织的要求。

而第三个石匠的回答说出了目标的真谛，这是经营思维导向的人，这些人思考目标的时候会把自己的工作和组织的目标关联，从组织价值的角度看待自己的发展，这样的员工才会获得更大的发展。

我们再用"自我期望"、"自我启发"和"自我发展"三个指标来衡量这三个石匠：

第一个石匠的自我期望值太低，在职场上，此人缺乏自我启发的自觉和自我发展的动力；

第二个石匠的自我期望值过高，在团队中，此人很可能是个特立独行、"笑傲江湖"式的人物；

第三个石匠的目标才真正与工程目标、团队目标高度吻合，他的自我启发意愿与自我发展行为才会与组织目标的追求形成和谐的合力。

德鲁克说，第三个石匠才是一个管理者，因为他用自己的工作影响着组织的绩效，它在做石匠工作的时候看到了自己的工作与建设大楼的关系，这种人的想法难能可贵！

日本发明家中松义郎的目标一致理论讲的就是这一点，当一个人的目标与组织的目标越一致，这个人潜能发挥就越大，就越有发展！

目标管理的定义是：根据公司的战略规划，组织运用系统化的管理方式，把各项管理事务展开为有主次的、可控的、高效的管理活动，通过激励员工共同参与，以实现组织和个人目标的过程。它强调把组织的整体目标转化为组织和个人的具体目标。

对员工个人来说，目标管理提出了明确的个体绩效目标，因此，每个人对他所在组织的绩效都可以做出明确而具体的贡献。如果所有人都实现了各自的目标，他们组织的整体目标也就能够实现。

大多数情况下，企业目标和个人目标会不一致。比如，企业的目标是让你用尽所有的力气去完成300万的销售额。而你的计划是通过完成200万销售提高收入，你宁愿少一些收入去让个人获得成长，更多的时间陪伴爱人、孩子和父母。

总目标是公司实施目标管理的核心，但不管是公司总目标还是各部门目标，最终的达成都要落实到公司内员工的个人目标。个人目标是部门目标和总目标的基础，不仅支持公司内的大小目标，同时也支持部门目标。这里需要注意的是，部门目标其实仍属于该部门主管的个人目标，设定个人目标的用意就是要化解掉"是部门的集体目标，又不是我的目标"的错误心态，并刻意形成"具有利害关系"的"个人目标"。

设定个人目标要遵循的原则：

对上级目标充分了解，同时分析自己的工作职责，这是员工在设定个人目标时必须考虑的两件事情。在此基础上，再按照一定的原则指导设定个人的目标。以下几项原则可供参考：

（1）从个人观点出发，说明上级的目标；

（2）设定合适的绩效标准；

（3）列出为达成目标自己需要做的事及主要困难；

（4）列举上级的做法，哪些对他有帮助，哪些对他有妨碍；

（5）列出为了达成目标本部门准备从事哪些工作；

（6）本部门准备从事的工作再细分为本部门内各成员应配合的项目；

（7）选出"保留目标"为本部门主管的个人目标；

（8）选择合适的"个人能力启发目标"作为本部门主管的个人目标。

一个优秀的职业人懂得如何将自己的长处和奋斗目标与公司达成目标的需求结合起来，为公司做出尽可能多的贡献，然后通过公司实现自己的个人目标。

杨元庆通过联想集团的平台让自己成为中国职场上最耀目的成功者之一；唐骏则通过微软、盛大、新华都这样优秀的公司平台让自己成为令很多年轻人羡慕的"打工皇帝"，尽管有"学历门事件"的影响，他仍然不失为一个成功的职业人。

公司想要的结果和个人想要的结果之间是一种动态的平衡关系。没有公司能够无条件、低成本地长期使用有质量的人力资源，也没有个人能够无代价地使用公司的平台资源来实现自身的经济利益和职业成长。二者相互制约，在动态中保持一种平衡关系。

这种兼顾性的、平衡的结果导向意识，不仅告诉我们首先要明确自己真正要得到的是什么，而且还告诉我们如何去得到。

职业人首先要清晰地描绘自己想要的结果，包括经济上的、职业发展上的、家庭生活上的以及个人知识技能上的。

职业人要清晰地掌握自己所在的公司想要的结果，公司想要的结果和自己以及自己想要的结果的关系。

职业人要为自己做好定位，将自己的长处与公司达成目标的需求结合起来，为公司做出尽可能多的贡献，然后由公司帮助自己达成个人目标。[1]

因此，总的来说，上级要善于提出下级认同的远景，设定明确的目标，让下属觉得工作有意义，这是成功的灯塔；要有放权的思想，允许下属多实践，自主控制工作；并且要有毫不吝啬地帮助下属的思想，允许下属的工作能力超过自己。

下属的最高境界是自我发展、奋斗的愿望与企业的远景统一，这样下属就能想企业所想、做企业所做，成为为企业献身的企业人。退一步说，下属没有那么远大、高尚的理想，但愿意服从企业的需要，享受完成工作的成就感也行；或者干脆就是为报酬而工作，达到一定成果就有一定的收获。这是下属主动工作的动力之源。

1　周永亮.我是职业人 [M].北京：机械工业出版社，2007.

目标管理要求上下级一起确定目标。整个企业一级一级设立目标，即建立企业的目标体系。同时制定一套够公平、公正，而且要简单可以操作即员工普遍接受的评价方法。

任正非在其文章《华为的红旗到底能打多久》中这样分析了个人目标与企业目标的矛盾及其平衡："管理者与员工之间矛盾的实质是什么呢？其实就是公司目标与个人目标的矛盾。公司考虑的是企业的长远利益，是不断提升企业的长期竞争力；员工主要考虑的是短期利益，因为他们不知道将来还会不会在华为工作。解决这个矛盾就是要在长远利益和眼前利益之间找到一个平衡点。我们实行了员工股份制。员工从当期效益中得到工资、奖金、退休金、医疗保障，从长远投资中得到股份分红。避免了员工的短视。"

华为新员工在进入公司 2 年之后，如果绩效突出，就可以加入员工持股计划，自愿购买公司根据绩效和级别指定的一定额度的股票，此后每年公司根据绩效情况进行配股。员工持股后，就与企业利益捆绑，分享企业发展的回报，个人目标与企业目标达成一致。用 20 余年时间，任正非将自己在华为的持股权稀释到只剩下 1.42%。

华为的成功，许多人将之归之于中国政府的支持，实际上，最支持任正非的是 15 万华为员工。因为任正非用了中国企业中史无前例的奖酬分红制度，98.6% 的股票，都归员工所有，任正非本人所持有的股票只占了 1.4%，造就了华为式管理的向心力。

你要如何分辨你是老板级的员工还是打工仔的员工？在华为，从你的薪资账户比较就很清楚。

"我们不像一般领薪水的打工仔，公司营运好不好，到了年底会非常感同身受，"2002 年从日本最大电信商 NTT DoCoMo 跳槽加入华为、LTE TDD

产品线副总裁邱恒说：“你拼命的程度，直接反映在薪资收入上。”

以邱恒自己为例，2009 年因为遭遇金融海啸，整体环境不佳，公司成长幅度不如以往，他的底薪不变，但分红跟着缩水。隔年，华为的净利创下历史新高，他的分红就超过前一年的 1 倍。

这等于是把公司的利益与员工的个人利益紧紧绑在一起。在华为，一个外派非洲的基础工程师如果能帮公司服务好客户，争取到一张订单，年终获得的配股额度、股利，以及年终奖金总额，会比一个坐在办公室，但绩效未达标的高级主管还要高。

工作 2 ～ 3 年，就具备配股分红资格。在华为有 “1+1+1” 的说法，也就是工资、奖金、分红比例是相同的。随着年资与绩效增长，分红与奖金的比例将会大幅超过工资。即使是号称重视员工福利的欧美企业都很罕见。

一个领死薪水的员工，不可能主动去帮客户想出创新的解决方案。但华为的员工因为把自己当成老板，待得越久，领的股份与分红越多，所以大部分人不会为了追求一年两年的短期业绩目标而牺牲掉客户利益，而是会想尽办法服务好客户，让客户愿意长期与之合作，形成一种正向循环。

第二节　让长短目标紧密结合

山田本一是日本著名的马拉松运动员，他曾在 1984 年和 1987 年的国际马拉松比赛中，两次夺得世界冠军。记者问他为什么会取得如此惊人的成绩，山田本一总是回答：“凭智慧战胜对手！”

大家都知道，马拉松比赛主要是运动员体力和耐力的较量，爆发力、速度和技巧都还在其次。因此对山田本一的回答，许多人觉得他是在故弄玄虚。

10 年之后，这个谜底被揭开了。山田本一在自传中这样写道："每次比赛之前，我都要乘车把比赛的路线仔细地看一遍，并把沿途比较醒目的标志画下来，比如第一标志是银行，第二标志是一棵古怪的大树，第三标志是一座高楼……这样一直画到赛程的结束。比赛开始后，我就以百米的速度奋力地向第一个目标冲去，到达第一个目标后，我又以同样的速度向第二个目标冲去。40 多公里的赛程，被我分解成几个小目标，跑起来就轻松多了。一开始我把我的目标定在终点线的旗帜上，结果当我跑到十几公里的时候就疲惫不堪了，因为我被前面那段遥远的路吓到了。"

目标是需要分解的，一个人制定目标的时候，要有最终目标，比如成为世界冠军，更要有明确的绩效目标，比如在某个时间内成绩提高多少。

最终目标是宏大的，引领方向的目标，而绩效目标就是一个具体的，有明确衡量标准的目标。

当目标被清晰地分解了，目标的激励作用就显现了，当我们实现了一个目标的时候，我们就及时地得到了一个正面激励，这对于培养我们挑战目标的信心的作用是非常巨大的！[1]

对于大多数人来说，控制短期目标要比控制较长远的目标容易得多。整体目标的每一个小任务，如果能够顺利地完成，那么实现大的目标就不会觉得难如登天了。人的内心必然会受到鼓舞，进而更增强了实现远大目标的信心。

对于一项战略计划来说，把握好长期目标与短期任务之间的平衡是至

1　刘兴旺 . 积累平凡，就是积累卓越 [A]. 人民网，2006(9).

关重要的。在制定任何一项计划的时候，必须同时考虑到必要的成本和可能的收益，必须注意在实现长期目标的同时，还要保证短期效益。

赵强国是某集团公司的一个分公司的经理，他曾经向集团总经理提出过一个看起来好像非常棒的计划，如果总经理能够接受该计划的话，在开始的一段时间内，公司的成本会下降，但随后会出现较大的上升。

他告诉总经理："我们很可能在 3 年之内无法实现收益增长，因为这段时间属于计划启动期。"总经理告诉他说："赵强国，对于一家公司来说，它无法承受如此巨大的代价。一项优秀的计划需要把短期利益和长期利益结合起来。如果我们为了实现长期收益而牺牲短期收益的话，计划实施人员的热情就会大大降低。"

当你逼迫人们考虑这类问题的时候，他们所表现出来的想象力和革新精神是难以想象的。不久，赵强国回来对总经理说："我们可以保证短期利益，因为现在我发现它的长期收益并不是那么诱人。我们可以卖掉一些并不适合我们的子公司，通过这种方式，我们可以把成本降低 10%——从另外一个角度来讲，这就是一项巨大的收益。我们可以采取四五项措施，来弥补新产品开发阶段公司所面临的损失。"

结果，他们把整个企业团队投入到新计划的实施当中，并最终取得了成功。可见，一个战略要想成功，就必须把特大目标与小步子结合起来，只有这样，团队成员才能有热情，才能更好地迎接可能出现的挑战，在实现短期利益的同时，为组织的长期发展奠定基础。

1998 年，在创建华为 10 年后，任正非向他的高管团队宣称，"华为的追求是在电子信息领域成为世界级领先企业"。忆及当年这一场景，华为市场策划部总监江龙回忆说："所有人都被这一目标震惊了，很多人当时都在想，我们这么小的公司怎么可能成为世界级的领先公司？"这并非任正非第一次提出"世界级企业"的目标。

从"农村包围城市"到"最后夺取城市"，华为花了 3 年的时间。3 年之后，"巨大中华"——巨龙、大唐、中兴、华为这 4 家中国电信设备企业四大国内电信设备制造商的排名正好反转了一个顺序，华为第一次成为国内企业的老大。

但在任正非的眼里，取得"国内第一"只是华为发展历程中的一个阶段性成果。随着阶段目标的实现，成为世界级企业的思想也就变得越来越清晰。人们评价何为世界级企业有许多的衡量标准，但其中有一个统一的标准就是企业在国际市场上的地位以及业务总收入中海外收入所占的比例。当时，华为虽然已经在国际市场上有了一些进展，但国际市场的总收入也只有不到 1000 万美元，基本上还是名副其实的"本土王"。面对这样的局面，华为定下了走向国际化、寻求新的机会的方向。1998 年初，在一次员工大会上，任正非说，如果华为保持每年翻番增长，8 年之后就有可能赶上 IBM。在经过几年的海外试探性进攻之后，1998 年，华为更明确制定了双线战略：在保持国内领先地位的同时，迅速拓展国际市场。

除了向世界市场扩张之外，基于"世界级企业"的远景和通过对 IBM 等国际一流企业的研究学习，对照自身现状，华为发现在管理制度体系和员工素质方面所存在着巨大差距。于是，通过引入、消化和吸收西方先进成熟的业务流程和管理制度体系来提升华为的综合竞争能力，就成了任正非缩小差距、向世界级目标逐步逼近的首要思路。

十几年后，当年的那些"诳语"竟然一一实现。华为的蝶变再一次证明，理想主义以及惊人的远见是那些伟大创始人的共同特征。

2012 年 7 月，在一份发言提纲中，任正非写道："西方公司的兴衰，彰显了华为公司'以客户为中心，以奋斗者为本，长期坚持艰苦奋斗'的正确。"华为反对短期的经济魔术。当爱立信、思科、摩托罗拉这些竞争对手们都在以"财年、财季"的时点规划未来时，华为是在"以 10 年为单位规划未来"。这正是华为能够追赶并超越对手的奥秘。

新东方董事长俞敏洪的父亲是个木工，常帮别人建房子，每次建完房子，他都会把别人废弃不要的碎砖破瓦捡回来，久而久之，俞敏洪家院子里多出了一个乱七八糟的砖头碎瓦堆。俞敏洪搞不清这一堆东西的用处，直到有一天，他父亲在院子一角的小空地上开始左右测量，开沟挖槽，和泥砌墙，用那堆乱砖左拼右凑，一间四四方方的小房子居然拔地而起。

当时俞敏洪只是觉得父亲很了不起，一个人就盖了一间房子，然后就继续和其他小朋友一起，贫困但不失快乐地过他的农村生活。

等到长大以后，俞敏洪才逐渐发现父亲做的这件事给他带来的深刻影响。从一块砖头到一堆砖头，最后变成一间小房子，俞敏洪的父亲向他阐释了做成一件事情的全部奥秘。一块砖没有什么用，一堆砖也没有什么用，如果你心中没有一个造房子的梦想，拥有天下所有的砖头也是一堆废物；但如果只有造房子的梦想，而没有砖头，梦想也没法实现。

后来的日子里，这件事情凝聚成的精神一直在激励着俞敏洪，也成了他做事的指导思想。俞敏洪在做事的时候，一般都会问自己两个问题：一是做这件事情的目标是什么？因为盲目做事情就像捡了一堆砖头而不知道干什么一样，会浪费自己的生命；第二个问题是需要多少努力才能够把这件事情做成？也就是需要捡多少砖头才能把房子造好。之后就要有足够的

①　初笑钢.任正非的七种武器 [M].北京：机械工业出版社，2011.

耐心，因为砖头不是一天就能捡够的。

俞敏洪表示："我生命中的三件事证明了这一思路的好处。第一件是我的高考，目标明确：要上大学。第一第二年我都没考上，我的砖头没有捡够，第三年我继续拼命捡砖头，终于进了北大；第二件是我背单词，目标明确：成为中国最好的英语词汇老师之一。于是我开始一个一个背单词，在背过的单词不断遗忘的痛苦中，我父亲捡砖头的形象总能浮现在我眼前，最后我终于背下了两三万个单词，成了一名不错的词汇老师；第三件事是我做新东方，目标明确：要做成中国最好的英语培训机构之一。然后我就开始给学生上课，平均每天给学生上六到十个小时的课，很多老师倒下了或放弃了，我没有放弃，十几年如一日。每上一次课我就感觉多捡了一块砖头，梦想着把新东方这栋房子建起来。到今天为止我还在努力着，并已经看到了新东方这座房子能够建好的希望。"

俞敏洪正是将大小目标紧密相连，使得他今天如此成功。

2014 年，华为宣布一个新目标："未来四年华为收入有望翻番，到 2018 年华为将成长为一家 700 亿美元规模的公司。"为了实现这个目标，华为提出以项目为中心、做好项目经营已经有好几年了，为什么要以项目为中心呢？

1. 公司设备的增长速度正在放缓。2013 年固网和电软核都是负增长，无线由于 LTE 的发展，实现了 9% 左右的增长。但我们看到，在设备增长放缓的同时，整个服务的增长却达到了 24%。价值正在从设备向服务和软件转移，而服务和软件都是以项目为驱动的。

2. 交付项目数量众多且大项目仍在增长。2013 年交付项目总量为 8267 个，ABC 类项目呈现增长的趋势。面对这么多项目，如果没有一个好的项目经营管理体系来支撑，是不可能做好公司整体经营管理的。

3.代表处的规模不断扩大。2013 年，海外有三分之一的代表处销售收入超过 1 亿美元，销售收入 3 亿美元以上的代表处达到了 24 个，代表处管理的跨度和难度越来越大，划小经营管理单元的诉求越来越强烈，有些区域已经自发地开始进行划小经营管理单元的尝试了。

华为把未来的管理体系比喻为眼镜蛇：头部可以灵活转动，一旦发现觅食或进攻对象，整个身体的行动十分敏捷，可以前后左右甚至垂直蹿起发起攻击，而发达的骨骼系统则环环相扣，转动灵活，确保在发起进攻时能为头部提供强大的支撑。眼镜蛇的头部就像华为业务前端的项目经营，而其灵活运转，为捕捉机会提供支撑的骨骼系统，则正如华为的管理支撑体系，这就是公司未来管理体系的基本架构。

以项目为中心不仅仅是业务前端项目形式的运作，而且包括为项目提供全面支持的管理支撑系统，是一个拉通业务前端和后端的完整架构，涉及人、流程、知识和战略等很多方面，也就是业界所称的组织级的项目管理体系。华为提出的以项目为中心就是指组织级的项目管理，通过成熟的组织级项目管理方法、流程和最佳实践，充分发挥代表处的灵活性、主动性，使代表处的经营活动标准化、流程化，使经营管理向可预测、可管理和可自我约束的方向发展，从而提升运营效率和盈利能力。

第三节　目标展开图

目标展开图是直观形象的显示，并明确目标与目标责任的图表。编制目标展开图是目标展开的最后一个环节，适用图表形式将目标和实现目标的对策等主要内容公布于众，便于共同执行。

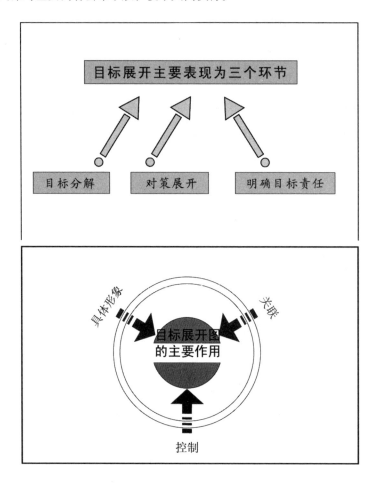

任何人一看目标展开图就知道工作目标是什么，对策是什么，职责和权力是什么，以及遇到问题时需要哪个部门来支持。

目标展开图的格式繁多，没有统一的规定，但编制的原则都是一个，即整分合原则。管理层次不同，或展开的方法不同，展开图的格式也不同。

1．工作安排的展开图

工作安排的展开图是以明确目标和为实现目标的各项工作安排为中心展开的。这种展开图通常以统筹图形式表示，箭杆上方注明工作名称。这些工作都是为实现目标所必需的工作。图的上下方分别为以月份或季度为单位的时标。为实现目标，在何时应做何种工作，一目了然，也便于领导者掌握和检查。

2．目标责任的展开图

目标责任的展开图主要是以明确目标和目标责任为中心展开的。具体如表6-1所示：

表6-1　目标展开图

方针	目标项目	目标值	对策措施	责任者

目标展开图能起到以下主要作用：

（1）具体形象。能直观、形象、简明地显示目标与目标对策，使各个岗位的人都明确自己的目标与目标责任，还能起到动员群众、督促提醒和鼓舞士气的作用。

（2）关联。能显示各个目标之间的关系，因而使各个岗位上的人都明确与自己有关的岗位的目标责任，知道各个时期的主要工作，便于取得联系，开展协作，协调发展。

（3）控制。便于领导者对众多目标的管理，有利于从总体上对目标进行协调平衡，控制目标管理的活动。

华为管理者认为，让员工了解工作目标、对策、职权及遇到问题时的求助者是十分必要的。当各岗位员工明确相关岗位的目标与责任后，更便于其与各方取得联系、协调；而管理者明确了目标与责任，则易于从总体上把握目标的协调平衡性，控制目标的按时完成。

华为公司创立初期，曾一度出现交货期延误的问题，企业信誉严重受损。计划部对此开始重视，经调查发现，部分员工并不清楚在什么时间执行任务，什么时间完成，怎样去操作，完成到什么程度才是合格，因而常常出现工作拖沓或因产品返工而造成时间延误等情况，导致企业计划难以预期完成。

为改变这种情况，计划部与其他相关部门联合，根据每个部门和每位员工的工作目标，明确其在实现总体目标中的内容、数量、质量及时间等要求，将目标与目标责任加以明确。

确定具体目标时，要综合考虑员工个人能力、发展潜力及能源条件等因素，将目标任务的表述细化至单位时间与工作细节，甚至包括工作的交接人员与支持人员。

确定目标责任时，切实考虑岗位职务因素，自上而下地按层次逐级落实，以建立起目标与责任展开图。岗位职务高的，目标责任也大；反之，目标责任就小些。

目标展开主要表现为三个环节：

（1）目标分解。目标分解是建立目标体系的基础，是把系统的整体目标在纵向、横向上分解为部门、单位以至个人的各个层次的分目标，从而构成一个目标体系。目标分解要求：分目标要与总体目标方向一致，内容上下贯通；同一层次的各分目标之间在内容和时间上要协调、平衡，各分目标应简明扼要，有具体的考核标准和完成的时限。

（2）对策展开。就是制订实现目标的具体对策和措施。首先，进行调查研究，分析本组织或本级组织的现状；其次，对照目标，找出差距和存在的主要问题；再次针对主要问题查明原因；最后，针对原因，制定出切实可行的对策。

（3）明确目标责任。即在目标分解、协商的基础上，把各层级目标与具体执行人员的工作责任紧密结合并固定下来，建立起目标责任体系，其具体内容是使每个成员都明确自己应干的工作及应负的后果责任。

HUAWEI

第七章

目标设置要有时间限制

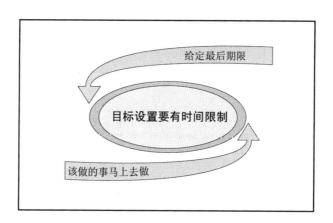

第一节　给定最后期限

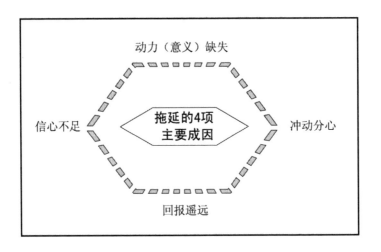

在下达任务后，给接受任务者一个完成工作任务的最后期限。许多员工都有拖拉的毛病，在做事情时往往不到最后关头不着急。如果在执行的过程中，有一个人拖延时间，就有可能会影响整个团队的工作。所以在给员工布置工作之前，管理者应该事先估计一下完成该项工作需要的时间。然后在布置工作任务时，向员工提出时限要求，员工要在一定时限内完成该项目的工作任务，否则将要受到处罚。这样，员工就会抓紧时间工作，因为他需要在有限的时间里把任务完成好。

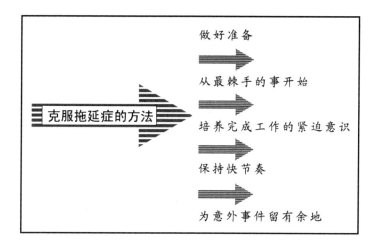

没有时间限制的目标，即使量化再好，也可能会使目标实现之日变得遥遥无期。因为你可以轻而易举地为自己找到拖延懈怠的借口，而且不知道该做什么样的行动、用什么样的力度去追求。同一目标，达成的时间是 3 年和 13 年，那么他的行动计划是完全不一样的。

团队管理中，"主管口中发出的话"与"下属耳里听进的话"往往是不一样的。主管所谓的"尽快"是下班前，而下属的认知很可能是本周末之前。

主管要下达的指示非常多，根本没办法规定最后期限。所以，下达指示时，未规定最后期限很正常，但是在自己等得不耐烦之前，养成后续追踪的习惯是很重要的。向下属追踪后续情况时，绝不可以用生气的口吻询问，应该直接询问事情的进展，而且询问时，不可以问："进行得如何了？"应该问："什么时候可以提交报告呢？"

当然，避免下属做事拖拉的最好办法是：下达任务时规定最后期限。而且这期限不是由主管做出，而必须由下属自己承诺。因为人对于自己亲口说出的话远比对他人强加的约定，更能遵守承诺。换句话说，下属对主管做出了承诺，就会努力遵守最后期限。

要让负责的下属遵守最后期限，有个方法非常有效，就是利用便利贴，让他"写下来"。使用小长方形的便利贴，与下属谈论工作时，直接递出便利贴，让他们写下事情内容及最后期限，再收回来；也可以把便利贴交给部下，让他们自己在上面写下最后期限，然后贴在笔记本上。

关于最后期限的确定，你只要有自己的方式即可。有很多位下属的主管可以这样做：把写着完成预定日的便利贴，全都贴在画有每月日程表的白板上。由于是自己写下的最后期限，负责的下属不仅可以减轻心理负担，而且又会给自己产生必须遵守最后期限的压力。[1]

目标管理中的目标周期，一般多为 6 个月。要是 6 个月的目标的话，虽说期限是 6 个月，但是每个目标或者说每个项目都可以单独设定期限。以"新人事制度的引入"为例：基本计划的制订是在 6 月中研究的正案的制定到 7 月末，像这种方法按照项目设定期限。

另外，也有人将期限全部都设定到周期末，这样在期末工作就都集中在一起，最好是把期限尽量地往前调。

此外，还要设定整个周期的目标，目标管理的周期是 6 个月时，有必要填写期中的达成水准，以便在期中能够进行评定。

总之，期限在目标达成后进行评价时很重要，所以关键是要填写可能达成的期限。

即便给定最后期限，也有一些员工会拖延，一些人甚至会有拖延症。拖延症患者做起事情，往往非常率性，由着自己的性子。缺乏一定的自控能力，是拖延症患者的典型心态。而且，他们总能找到各种各样拖延做事

---

1 李佳蓉. 给任务定下最后期限 [N]. 企业家日报，2014-02.

的借口，放任自己的低迷状态。如何克服拖延症呢？有以下方法：

1．做好准备

在开始工作前，将工作任务加以分解，再将工作的每一步骤列成清单，并事先做好充分准备，备齐所需物品，这样在工作完成之前就不必起身到处找东西。做好充分准备是按计划工作的有力支持因素。

2．从最棘手的事开始

当最棘手的问题被克服并完成后，再用余下的时间去完成其他工作任务就显得轻而易举。

华为客户服务部的王克（化名）说出了他的经验："我从制定的任务清单上了解相关事项，确定清单上最棘手的任务，即花费最多时间或付出最大努力的任务，然后从该任务开始实施，直至完成。相比之下，清单上的其他任务就很容易完成了。"

3．培养完成工作的紧迫意识

很多人克服了拖延的恶习并开始着手工作，但他们永远无法坚持把工作做完，特别是工作收尾阶段临近时，他们会找到越来越多的借口和理由来拖延最后 5% 或 10% 的工作任务。其实，当最后一个细节完成时，人的大脑释放出脑内啡，人会感到异常轻松并充满成就感。

在华为，员工们习惯于为任务设定一个清晰、明确的截止日期，以此将任务完成期限置于潜意识中，这种潜意识激励着他们坚持按时完成任务。

4．保持快节奏

当一个人加快行动步骤而不是维持平常的节奏时，他将完成越来越多的工作，这令人感到惊奇。事实上，如果一个人继续强迫自己更努力、更快速地工作，他将更加自信，并在较短的时间内完成更多工作。在华为，员工们有目的地规划工作，保持工作中的快节奏，这是其获得高效率的关键。

5. 为意外事件留有余地

有些人要求工作尽善尽美，又强迫自己在短期内完成，将自己置于强大的压力下，却低估完成计划所必需的时间，完全不考虑发生意外的可能性，而恰恰是这些意外事件使计划泡汤。

在华为，员工们为了避免出现这种情况，会在开始工作之前列出详细的工作进度表，预计实现每阶段工作所需的时间，包括可能出现的问题或者意外。

用一句话说明如何战胜拖延："专心做重要的小事"。

"专心"是提醒大家对抗冲动和分心；"重要"是提醒大家只做有意义的事情；"小事"是提醒大家把困难的任务转化成可行的小事，把漫长的项目拆分成具体的步骤。

所以这八个字里，已经呼应和对治了加拿大的Steel教授那个"拖延公式"里的四项主要成因：信心不足、动力（意义）缺失、冲动分心、回报遥远。

其实拖延的成因错综复杂，"一句话"当然很难"包治百拖"，不过这种精炼的说法，方便记忆，这种开放性的答案都非常有意义。

第二节　该做的事马上去做

《华为员工手册》中有这样的规定："员工录用分派工作后，应立即赴所分配的单位工作，不得无故拖延推诿。"华为公司认为，拖延必然要付出更大的代价。能拖就拖的人心情总不愉快，总觉得疲乏，因为应做而未做的工作不断给他压迫感。"若无闲事挂心头，便是人间好时节"，拖延者心头不空，因而常感到时间的压力。拖延并不能省下时间和精力，刚好相反，它使你心力交瘁，疲于奔命。不仅于事无补，反而白白浪费了宝贵时间。

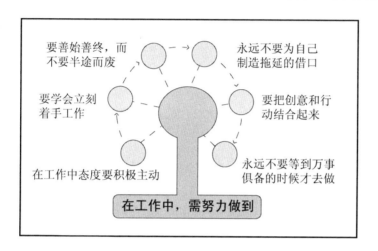

要善始善终，而不要半途而废

永远不要为自己制造拖延的借口

要学会立刻着手工作

要把创意和行动结合起来

在工作中态度要积极主动

永远不要等到万事俱备的时候才去做

在工作中，需努力做到

今天该做的事拖到明天完成，现在该打的电话等到一两个小时后才打。拖延并非人的本性，它是一种恶习，它不能使问题消失或使问题变得容易起来，而只会制造问题，给工作造成严重的危害。

遇到不紧急的事情时，很多人总喜欢先拖一拖，结果我们会发现等待处理的事情越来越多，而当我们要同时处理一大堆事情的时候，往往会感到紧张和烦恼，觉得无从下手，于是就把事情无止境地拖下去。这样无形中降低了时间利用率，我们会觉得自己总是没有足够多的时间去做事。

著名的"帕金森时间定律"指出，特别是在工作中，一个人在时间上如果没有自律性的话，那么他做某件事的时间就会自动地膨胀并占满所有可用的时间。

帕金森经过多年调查研究，发现一个人做一件事所耗费的时间差别如此之大：他可以在 10 分钟内看完一份报纸，也可以看半天；一个忙人 20 分钟可以寄出一叠明信片，但一个无所事事的老太太为了给远方的外甥女寄张明信片，可以足足花一整天：找明信片一个钟头，寻眼镜一个钟头，查地址半个钟头，写问候的话一个钟头零一刻钟……

如果一些管理者所布置的任务，我们总是不能在规定的期限内完成，这就是由于我们在工作时缺乏应有的时间意识。因此，要有时间意识，成为一个拒绝拖拉的人。

比尔·盖茨说过，凡是将应该做的事拖延而不立刻去做，想留待将来再做的人总是弱者。凡是有力量、有能耐的人，都会在对一件事情充满兴趣、充满热忱的时候，就立刻迎头去做。在对一件事情兴致浓厚的时候去做，与在兴趣、热忱消失之后去做，其难易、苦乐是不能等同而语的。

有一个 6 岁的小男孩，一天在外面玩耍时，发现了一个鸟巢被风从树上吹落在地，从里面滚出了一只嗷嗷待哺的小麻雀。小男孩决定把它带回家喂养。当他托着鸟巢走到家门口的时候，他突然想起妈妈不允许他在家里养小动物。于是，他轻轻地把小麻雀放在门口，急忙走进屋去请求妈妈。在他的哀求下，妈妈终于破例答应了。小男孩兴奋地跑到门口，不料小麻雀已经不见了，他看见一只黑猫正意犹未尽地舔着嘴巴。小男孩为此伤心了很久。但从此他也记住了一个教训：只要是自己认定的事情，绝不可优柔寡断，要马上动手去做。这个小男孩长大后成就了一番事业，他就是华裔电脑名人王安博士。你仔细回想一下，你现在所做的急事是不是你几天前或者一个星期前就应该做的事情？

养成把经手的问题立即解决的习惯，会让我们每时每刻都能轻松应对手头的事情，不会因为积攒下来的一大堆事情而手忙脚乱，这样也有助于我们获得工作的高效率。

因此，在日常的工作和生活中，我们要努力要求自己做到以下几点：

1．在工作中态度要积极主动

一个人只有以积极主动的态度去面对自己的工作，才会产生自信的心理。这样，在处理事务时，头脑才会保持清醒，内心的恐惧和犹豫便也会烟消云散。只有如此，才能够有效地找到处理这些事务的最佳方法。

2．要学会立刻着手工作

假如在工作中接到新任务，要学会立刻着手工作。这样，才会在工作中不断摸索、创新，一步步排除困难。如果一味地拖延、犹豫，只会在无形中为自己增加更多的问题，这将不利于自己在工作中做出新成绩。

3．要善始善终，而不要半途而废

做事善始善终才会有结果，如果朝三暮四，不能盯准一个目标，每一次都半途而废，是没有任何成绩的。在工作的过程中，即使很普通的计划，如果有效执行，并且继续深入发展，都比半途而废的"完美"计划要好得多，因为前者会有所收获，后者只是前功尽弃。

4．永远不要为自己制造拖延的借口

"明天"、"后天"、"将来"之类的句子跟"永远不可能做到"的意义相同。所以，我们要时刻注意清理自己的思想，不要让消极拖延的情绪影响了我们行动的路线。

5．要把创意和行动结合起来

创意本身不能带来成功，但是，它一旦和行动结合起来，将会使我们的工作显得卓有成效。在工作的过程中，我们要把创意和实践结合起来，付诸自己的行动之中，这样，才会为我们的人生和事业打开新的局面。

6．永远不要等到万事俱备的时候才去做

永远都没有万事俱备的时候，这种完美只是一个幻想。

制定目标的"SMART"原则

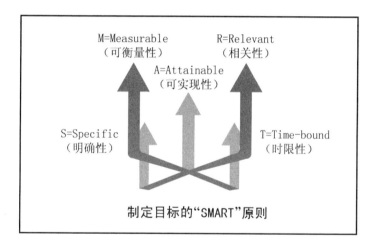

制定目标的"SMART"原则

有效的目标不是最有价值的那个，而是最有可能实现的那个。

贝尔纳是法国著名的作家，一生创作了大量的小说和剧本，在法国影剧史上占有重要的地位，可以说是法国文学史上里程碑式的人物。有一次，法国一家报纸进行一个有奖智力竞赛，其中有这样一个题目：如果法国最大的博物馆卢浮宫失火了，情况紧急，只允许抢救出一幅画，请问你会抢哪一幅？结果在报纸收到的成千上万个回答中，贝尔纳以最佳答案获得该题的奖金，他的回答是："我抢救离出口最近的那幅画！"

怎样的目标才是有效的呢？一个有效的目标必须具备以下条件：一是具体的；二是可以量化；三是能够实现的；四是注重效果的；五是有时间期限的。以上条件必须同时具备，否则就不是有效的目标，其中最重要的是二和五。量化是指可以使用精确的数字来描述的，即使不能用数字描述，也必须进一步分解，然后再用数字来描述。时间限制是指必须在限制时间内完成的。不能量化又没有时间限制的目标是无效的，很容易成为一个幻想，没有任何意义。

中国人向来是不缺目标的，诸如制定"超英赶美"、"进军全球500强"之类的目标中国人向来不怵，但中国企业的目标管理却做得并不好，归结到两点：一个是目标定完了就完了，既没有把目标变成相应的计划，也不能及时有效地追踪目标实现的过程。另一个更普遍的问题则是，目标可能只是一个口号式的目标。

制定目标看似一件简单的事情，每个人都有过制定目标的经历，但是如果上升到技术的层面，必须学习并掌握"SMART"原则。

"SMART"原则：S=Specific（明确性）、M=Measurable（可衡量性）、A=Attainable（可实现性）、R=Relevant（相关性）、T=Time-bound（时限性）。

S：(Specific) 明确性

目标要清晰、明确，让考核者与被考核者能够准确地理解目标。

明确的目标几乎是所有成功团队的一致特点。很多团队不成功的重要原因之一就因为目标定得模棱两可，或没有将目标有效地传达给相关成员。

提供示例：

目标——"增强客户意识"。这种对目标的描述就很不明确，因为增强客户意识有许多具体做法，如减少客户投诉，过去客户投诉率是3%，现在把它减低到 1.5%或者 1%。提升服务的速度，使用规范礼貌的用语，采用规范的服务流程，也是客户意识的一个方面。

有这么多增强客户意识的做法，我们所说的"增强客户意识"到底指哪一块？不明确就没有办法评判、衡量。

修改：

比方说，我们将在月底前把前台收银的速度提升至正常的标准，这个正常的标准可能是2分钟，也可能是1分钟，或分时段来确定标准。

实施要求：

目标设置要有项目、衡量标准、达成措施、完成期限以及资源要求，使考核人能够很清晰地看到部门或科室月计划要做哪些事情，计划完成到什么样的程度。

M：(Measurable) 可衡量性

目标要量化。考核时可以采用相同的标准准确衡量。应该有一组明确的数据，作为衡量是否达成目标的依据。如果制定的目标没有办法衡量，就无法判断这个目标是否实现。领导和下属对团队目标会产生的一种分歧。大方向性质的目标就难以衡量。

提供示例：

本月要进一步地扎实推进成片开发工作。"进一步"是一个既不明确也不容易衡量的概念，到底指什么？达到一个什么程度？

修改：

本月 30日前，我要实施对某某区域的成片开发，扫街拜访区域内所有餐饮客户，把所有月用量在500元以上的客户录入资料库，开发月用量 500元的餐饮6家，建立并签订1家合同金额4万元的分销商，让该区域新增3000元的月销售额。

实施要求：

目标的衡量标准遵循"能量化的量化，不能量化的质化"。

使制定人与考核人有一个统一的、标准的、清晰的可度量的标尺，杜绝在目标设置中使用形容词等概念模糊、无法衡量的描述。

A：(Attainable) 可实现性

目标要通过努力可以实现，也就是目标不能偏低和偏高——偏低了无意义，偏高了实现不了。

目标是要能够被执行人所接受的，上司不能利用一些行政手段，利用权力的影响力一厢情愿地把自己所制定的目标强压给下属，下属典型的反应是一种心理和行为上的抗拒。

领导者应该更多地吸纳下属来参与目标制定的过程，即便是团队整体的目标。

提供示例：

本周我要完成某某餐饮街的立项、前期拜访、厨师联谊会、小区推广、开发进货、生动化宣传、维护巩固全过程，造就月销量额5万元的首条餐饮样板街。

工作量太大，无法一个人在一周内保质保量地完成，单条餐饮街的月销售额5万元可能难以在一周内达成。

修改：

本周我要完成某某餐饮街的申报工作，拜访并邀请街内全部23家餐饮店，并录入资料库。制定厨师联谊会活动方案，会前开发3家餐饮，开发金额5000元。

实施要求：

目标设置要坚持员工参与、上下左右沟通，使拟定的工作目标在组织及个人之间达成一致。

既要使工作内容饱满，也要具有可达性。

可以制定出跳起来"摘桃"的目标，不能制定出跳起来"摘星星"的目标。

R：(Relevant) 相关性

目标要和工作有相关性，不是被考核者的工作，别设定目标。

个人目标与组织目标达成认识一致，目标一致，要考虑达成目标所需要的条件，这些条件包括人力资源、硬件条件、技术条件、系统信息条件、团队环境因素等。

目标要有实际意义和效果，定目标要考虑成本和结果的效益，要取得成本和结果的平衡点。

提供示例：

本周要申请铺市套餐 5000元，对某某乡镇市场进行铺市活动，并开展路演1场，费用控制在2000元内，极大提升品牌在当地的知名度。

乡镇市场的开发不是餐饮部目前的工作重点，花上万元只是提高品牌在一个乡镇市场的知名度，代价太大。

修改：

本周走访某某乡镇市场，开发500元以上的餐饮客户3家，从而在当地建立核心二批销商1家，为分销商的培养夯实基础。

实施要求：

个人目标与组织目标达成认识一致、目标一致，既要有由上到下的工作目标协调，也要有员工自下而上的工作目标的参与。

只对当前最关键的工作制定目标，不要制定过多的、相关性不强的任务，导致无所适从。

目标要有实际意义，要考虑达成目标的成本。

T：(Time-bound) 时限性

目标要有时限性，要在规定的时间内完成，时间一到，就要看结果。

目标是有时间限制的，没有时间限制的目标没有办法考核；没有时间限制的目标，上下级之间对目标轻重缓急的认识程度不同；没有明确的时间限定的方式也会带来考核的不公正，伤害工作关系，伤害下属的工作热情。

第三编

华为在目标管理中的过程控制

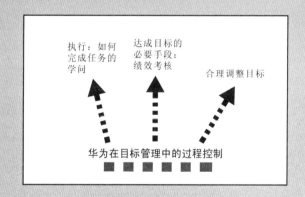

HUAWEI

MUBIAO

GUANLIFA

HUAWEI

第八章

执行：如何完成任务的学问

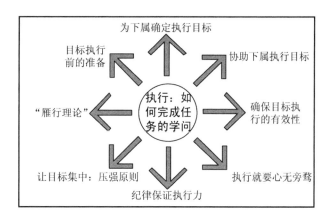

第一节　目标执行前的准备

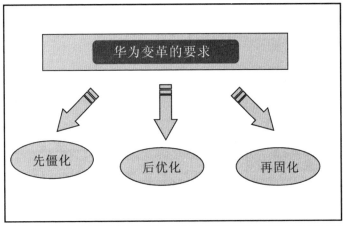

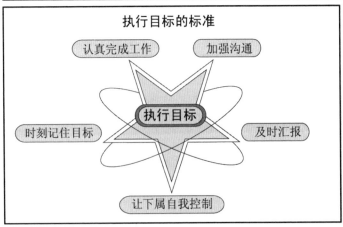

在目标管理执行中，需要具备完善的组织结构，不合理的组织结构不仅会拖慢目标执行的进度，而且对目标执行的绩效也会产生影响。

任正非一直希望了解世界大公司是如何管理的。从 1992 年开始先后到美国、日本、欧洲等国家和地区，走访了法国阿尔卡特、德国西门子等行业领先跨国公司。任正非是一位善于观察和学习的管理者，这些海外访问，给了他很多感触。

在 1997 年圣诞节前后，华为高层访问了美国休斯公司、IBM、贝尔实验室和惠普等 4 家公司后，任正非深思熟虑与权衡之后对华为提出了一系列改造计划。在这一年，华为与国际著名管理顾问公司合作，改革人力资源管理，准备用几年的时间建立起以职位体系为基础，以绩效体系与薪酬体系为核心的现代人力资源管理制度，以希望建立一个可以推动华为更快速发展的员工群体。

事实上，在 1997 年华为全面启动引进世界级管理变革之前，华为的管理思维已经开始萌芽生长。1996 年至 1998 年，华为引入人民大学 6 位教授，耗时 3 年 8 稿出台了第一部企业管理大纲《华为公司基本法》，对华为文化与价值观以及未来战略做出第一次系统的思考；建立初级的价值评估与分配体系（薪酬制度）；并从日本引入"合理化建议制度"，等等。此 3 年可以视为华为管理变革的前奏，而 1997 年至今，华为开始全面引进国际管理体系，包括"职位与薪酬体系"，以及任职资格管理体系，从 IBM 引进的集成产品开发（IPD）等。

任正非认为，华为要寻求更大的发展，就必须进行管理变革，使其管理体系与国际接轨。实行职业化管理是成为世界一流企业的必要条件。

从 1997 年开始，华为与国际著名的顾问公司合作，大力改革人力资源管理制度。逐步建立起了以职位体系为基础、以绩效与薪酬体系为核心的现代人力资源管理制度。促使华为员工的任职能力不断增强，从而使员工承担的责任越来越大，职业化水平越来越高，打造一支可以推动华为更快速发展的职业团队。

为达到职业化、流程化的目的，华为在著名人力资源咨询公司 HAY 的协助下，制定、公布了高层干部任职资格评价标准。任职资格共分 5 个等级，其中第三、第四、第五级干部任职资格标准保持了相当长时间的稳定，每个高层干部每年年初都要填写任职资格表格，年末写述职报告，公司根据他的工作评定是否合格。

2000 年以后，华为进入以职业化、流程化管理为特点的第二创业阶段。2009 年 4 月 24 日，任正非在华为运作与交付体系奋斗表彰大会上说道："什么是职业化？就是在同一时间、同样的条件，做同样的事的成本更低，这就是职业化。但市场竞争里，对手优化了，你不优化，留给你的就是死亡。思科在创新上的能力，爱立信在内部管理上的水平，我们现在还是远远赶不上的。我们要缩短这些差距，必须持续地改良我们的管理，不缩短差距客户就会抛离我们。"

对于一系列的变革，任正非对员工提出的要求是"先僵化，后优化，再固化"，即先僵化接受，后优化改良，再固化运用。其思想与鲁迅的"拿来主义"颇为相似，鲁迅在文章中写道："占有，挑选。""占有"，即"不管三七二十一，'拿来'！""没有拿来的，人不能自称为新人，没有拿来的，文艺不能自称为新文艺。"对于企业来讲，道理也是相似的。对于先进的管理理论，要先占有，之后再挑选。

1. 先僵化

这也就是说，华为先是让员工在第一阶段"被动"、"全面"地接受这一套新的运行方式，等公司对整个系统的运行有了比较深刻的认知之后，再对其进行调整优化，最后自然也就能形成一套华为自己的特有的运行方式。任正非表示："在管理改进和学习西方先进管理方面，我们的方针是'削足适履'，对系统先僵化，后优化，再固化。我们切忌产生中国版本、华为版本的幻想。""5 年之内不许任何改良，不允许适应本地特色，即使不合理也不许动。5 年之后把国际上的系统用惯了，再进行局部改动；至于结构性改动，那是 10 年之后的事情。""我们让大家去穿'美国鞋'，让美国顾问告诉我们'美国鞋'是什么样子。至于到了中国后，鞋是不是可以变一点，只有顾问有权力变，我们没有这个权力。创新一定要在理解的基础上创新。我们要把那些出风头的人从我们变革小组中请出去。"

华为集中了中国 IT 领域近万名的优秀人才，这些人的脑子里都充满了主意，有些员工还没有搞明白要进行变革的方向，就开始提出各种各样的问题，他们认为自己的理念比 IBM 的理念还要先进。

如果还没有在引进的管理方法中进行实践，一上来就民主地让大家进行"优化"，一定会意见不一。因为每个人都有自己的经验，单凭过去的经验来套新的规则，会陷入死局。任正非深知这一点。他在一次讲话中说："华为员工很聪明，容易形成很多思想和见解，认识不统一，就容易分散精力。"

1997 年，管理变革发起之时，30% 市场主管离开原有岗位，其他部门的人事冲击几乎形成风暴。在 IPD 和 ISC 实施最为深入、投入也最大的 2002 年，受当时 IT 业衰退的影响，华为当年还出现了创业以来的首度业绩滑坡，销售额下降了 17％，利润和成本都受到挤压。更雪上加霜的是，受公司业绩增长压力以及流程变革带来的阵痛影响，2001-2002 年，有为数众多不适应新的管理流程的核心研发团队相继离职。

2. 后优化

要学习别人先进的经营管理模式和技术，首要的问题就是削弱甚至取消原来特色鲜明的"传统文化"的宣传，脱掉"草鞋"，换上"美国鞋"、"德国鞋"，将华为文化中的核心部分归结为符合职业化需要的普遍性商业文化，如责任、敬业、创新等。这就涉及如何做到批判地继承的问题。

成功引进后，再打破，再创新出自己的体系。这才是任正非要换上"美国鞋"的最终目的。而且这个过程其实华为一直在持续进行，其管理的进步就是依靠不断改革来实现的。

3. 再固化

在任正非强力推动下，集成产品开发项目开始运行起来了。2003 年上半年，数十位 IBM 专家撤离华为，标志着业务变革项目暂告一个段落。此次业务流程变革历时 5 年，涉及公司价值链的各个环节，是华为有史以来进行的影响最为广泛深远的一次管理变革。随着华为公司规模的日益庞大和市场的日益扩张，IPD 系统的重要性也日益凸现出来。任正非为华为打造了一个 IT 支撑的、经过流程重整的、集中控制和分层管理相结合的、快速响应客户需求的管理体制，使华为能够与世界顶级的电信运营商用统一的语言进行沟通，为进入国际化奠定了基础。

这套被任正非称为"削足适履"的机制变革，在经历阵痛之后，其正面效应开始快速显现。"我们很快建立了一套可以与国际客户，以及同行对接的'语言'（理念及行事方式）。"华为一位核心老研发员工说。这也是华为创业 20 多年，即可与欧美百年老店抗衡的根本原因。

2008 年，全球竞争加剧，华为与 Accenture 顾问公司在 CRM(客户关系管理) 上再次展开合作，其目的是优化华为从产品到客户的全流程，以提高华为全球化的运作效率。

对于员工来说，执行目标时应该主要按照下列标准来进行：

（1）**时刻记住目标**。目标执行人要时刻记住企业的总体目标、自己的目标和工作进度安排，并加强自我控制，有效地运用上级赋予自己的权限，努力完成目标。

（2）**认真完成工作**。认真工作是员工最应具备的素质。目标执行人不仅要认真完成自己的工作目标，同时对未列入目标中的工作也应用心去做，这样才能有效地完成所管辖的全部工作。

（3）**加强沟通**。沟通也是目标管理中不可缺少的，在目标的设定阶段和执行阶段都要加强沟通。除日常管理工作外，上级主管须定期与下属进行沟通，了解目标执行情况，及时发现问题，调整目标，并解决出现的新问题，保证工作的顺利进行。

（4）**及时汇报**。在目标执行过程中，如发现非正常情况，并对部门目标甚至是总目标产生影响时，目标执行人应及时向上级汇报，以便上级对目标执行中的特殊情况及时作出反应，并提出相应的解决措施。

（5）**让下属自我控制**。在目标执行中，除非下属要求上级指导或协助，否则，一些工作的细节应该由下属亲自处理，上级不要做不必要的干涉。

第二节　为下属确定执行目标

时刻记住目标　认真完成工作　加强沟通　及时汇报　自我控制

华为员工执行目标的标准

我国企业的很多管理者都不善于分权和授权，往往忙得焦头烂额，效率却不高。目标管理有助于解决这一问题。设定一个目标，然后让员工朝这个方向努力，管理者就无需投入太大的精力关注员工究竟采用哪种具体方式达成这一目标。因此，目标管理使管理者从繁杂的事务中走出来。知道有所不为，才能有所作为。目标管理强调员工自我控制，可以充分激发员工的积极性。高明的管理者发现，如果给员工一个想要的、又富有挑战性的目标，他们会主动调动自己的潜能来实现这个目标，往往能取得令人吃惊的好业绩。如果把目标变得有层次，又连续升高，员工会在不断地实现阶段性目标中获得成就感，从而保持持久的动力。

如何制定目标执行标准，或者说在使员工有效执行目标时，应该要求员工按什么样的标准开展目标执行工作？这些问题都是我们在进行目标管理活动过程中应该事先明确的。

对于华为员工来说，在执行目标时应该主要按照 5 条标准来进行：

（1）时刻记住目标；

（2）认真完成工作；

（3）加强沟通；

（4）及时汇报；

（5）自我控制。

华为员工要时时刻刻记住自己的目标，与此同时，还要将公司的总体目标、部门目标一并记住。且牢记工作进度安排，并加强自我控制，对管理者授予自己的权限有效运用，尽量完成任务。

认真地工作对于一个员工来说是个态度问题，应该是员工应该具备的基本素质，没有公司喜欢做事不认真的员工。目标执行人不仅要认真完成自己的目标工作，同时对未列入目标中的辅助工作，也应用心去做，这样才有可能出色完成自己所管辖的全部工作。

沟通也是目标管理中必不可少的。在目标的设定阶段和执行阶段都要加强沟通。除日常的管理工作外，管理者应定期或不定期地与下属进行沟通，了解其目标执行情况，及时发现问题、调整目标、研究并解决出现的问题。在日常的经营活动中，意外总是难以避免的。这种意外往往从局部到整体都会对原定目标的实现产生很大影响。这就需要各个部门及时沟通，采取应对策略，保证目标的顺利完成。

在目标执行中，如发现非正常情况，并对部门目标甚至是总目标产生影响时，目标执行人应及时向管理者汇报，使管理者对目标执行中的特殊情况及时作出反应，并提出相应解决措施。

自我控制是目标管理的特色。在目标执行中，除非下属主动要求管理者指导或协助，否则一些工作细节应该由下属亲自处理，管理者应该避免做不必要的干涉。

对于管理者来说，应该注意的是：

（1）**将目标分解成每个人的任务**。要提高下属的执行力，首先，管理者要在制订目标计划时注重科学性和可操作性，采取"派单制"和"布置作业"的方法，在下发目标和安排布置工作时向下属交待清楚，避免工作中的盲目性和随意性，从而有效提高执行效果。其次，要建立科学的执行管理机制的观念。对工作目标和工作计划，要采取"切香肠"的方法，将年度目标分解到每月，每月分解到每周，每周分解到每天，各部门及时对公司目标计划进行层层分解，将目标分解落实到具体人。

（2）**盯紧每件事，关注"回报"**。在下属完成任务的整个过程中，管理者应督促下属养成自动"回报"的习惯。在这里，"回报"并不是报答，而是"回去报告"的意思。我们常用"汇报"这个词，"汇报"和"回报"是有区别的，汇报是下属对管理者的汇总说明。"回报"强调的是双向的、自动的沟通和反馈。通过下属与管理者的沟通，管理者可以及时全面地了解任务的完成情况，当下属工作出现问题时，管理者可以指导下属不断地进行修正。

第三节 协助下属执行目标

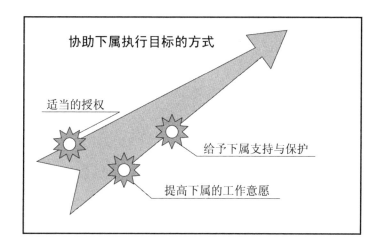

协助下属执行目标的方式

适当的授权

给予下属支持与保护

提高下属的工作意愿

目标一经设定，华为各部门主管就应该根据目标卡所订的项目，按照工作计划，自己负责推行。目标的实现，依赖公司人员"由下而上"将执行成果累积起来，因此，如何协助下属，通过下属的努力完成既定的目标，是每个主管的职责。主管可以通过下列几种方式协助下属执行目标：

1.适当的授权

作为管理者而言，应该向下属授权。但是应该如何授权呢？总的来说，管理者在进行授权的时候应当只授权结果。也就是说，只告诉员工你要求做什么和达到怎样的结果，而下属采用何种方法则由他们自己去决定。简而言之，着眼于目标，给下属完全的自由。管理者的下属往往不止一个人。所以，管理者在对他们进行授权时，每个人的分工都应当十分明确，不能有重叠的部分，这样才能增强他们的责任感。管理者进行授权时，首先应当选择一个最有能力完成任务的人，然后确定他是否有时间和动力来完成这项工作。如果管理者已经有一个合适的人选，那么下一步工作是明确地告诉他：你授予他怎样的权力，希望得到什么样的结果，以及在时间上的要求。

2. 提高下属的工作意愿

从根本上说就是要提高员工对企业的满意度，调动他们的积极性。提高员工对企业的满意度要从满足员工的需求开始。人的需求是有层级的，是动态的，不同的人在不同的时期他的核心需求是不同的，但是在企业里面员工的满意度可以从文化氛围、成长空间、收入水平、福利环境、法律环境等几个方面去测量，这里谈谈如何在企业文化建设中重视团队精神的培养，以互相协作的精神提高企业执行力。

（1）树立美好的愿景，使员工了解本行业的魅力、本行业的美好前景和本人几年内会有什么样的位置与待遇，让大家为共同的奋斗目标而努力。这在一定程度上会过滤员工不正当的思想和行为，有利于员工的团结。

（2）明确工作职责和目标，制定合理的奖励制度。这有利于员工在工作中找准方向各司其职，减少彼此之间的摩擦，增进团结。对于优秀的团体则给予崇高的荣誉和必要的物质奖励，而对于破坏团结的行为要给予严厉的惩罚，譬如几年内不提供升职机会、扣除部分年终奖金等。

（3）加强团队意识教育，培养员工的团队意识与合作精神。这不仅是职业道德的要求，也是自身发展的需要，与自身的利益密切相关，并给员工算一算不团结会付出的代价和成本。

3. 给予下属支持与保护

给予支持意味着将下属看做普通人给予关心，意味着有办法可以实现这一点，意味着帮助、教导下属，赞同他们的想法，巩固他们的职位，也意味着将他们社会化。当然，还意味着对员工的生活和职业给予重视。

如果你也是个领导，可以在以下五个方面为员工提供支持和保护。

（1）克制"为所欲为"的冲动。好领导会因为自己给别人添麻烦感到不安。已故著名戏剧导演佛兰克·豪泽就特别讨厌那些唠唠叨叨占用大家时间的导演。另外，会议也是出了名的"时间杀手"。

（2）合理的争论创造安全氛围。好领导会创造良好的气氛，调动大家进行建设性的辩论。皮克斯公司著名动画片导演布拉德·伯德对他的团队说："我希望大家想说什么就说什么，不要觉得抹不开。"他们每个人都与其他人争论不休，但都以相互信任为基础，因此这些争论是具有积极意义的。《超人总动员》和《料理鼠王》是他们的代表作。

（3）保护员工不受外界侵扰，替他们节约时间。身为领导，你自己肯定做不到置身事外，尤其在这个被数据、结果为导向充斥的经济时代。但是你能帮助自己的手下，帮助一些需要集中精力的知识型员工摆脱侵扰，使他们安心工作，远离焦虑和恐惧。

（4）抵制来自上一层的瞎指挥。有时你要面对一些爱瞎指挥的更高级别的领导，他们的决策也会影响到你手下人的业绩或福利待遇，这时你必须做出决定——服从还是抵制。抵制高层指令偶尔会是你最好的策略。

（5）帮助下属消灭或削弱敌人。心胸狭隘、简单粗暴的人会影响到其他人的工作情绪和业绩。好领导会保护下属不受这种毁灭性人格的影响。好领导还会让那些出言不逊、要求苛刻、令人懊恼的客户从员工眼前消失。

第四节　确保目标执行的有效性

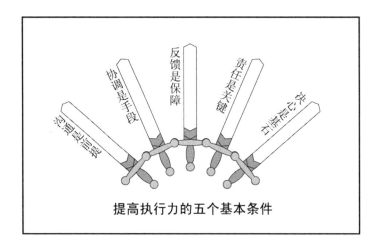

协调是手段　反馈是保障　责任是关键　沟通是润滑　决心是基石

提高执行力的五个基本条件

执行力，就个人而言，就是把想干的事干成功的能力；对于一个组织来讲，则是把长期目标一步步落到实处的能力，它是贯彻企业战略意图、完成企业预定目标的操作能力。比尔·盖茨曾经说过："没有执行力，就没有竞争力！"一个企业的成功，30% 靠决策，60% 靠执行，10% 取决于其他因素。执行力决定了企业的核心竞争力，它是把企业规划变为现实的重要载体，是企业发展的内在动因，是企业成功的必要条件。

目标管理制度的执行，关键是员工是否落实执行，并力求简化。企业在执行时，要注意下列几个管制重点：

（1）分派执行的责任。为保证目标的执行，需要落实目标执行的责任。除了目标执行人外，还需要安排专人督导目标的执行，企业一般会委任适当的管理人员负责。因为这些人员具有适当的权力，可以督导完成任务所需要的或改进不必要的行动。

（2）建立目标记录的统一格式。虽然登记目标的记录并不需要特殊的格式，但如果各部门经理都能采用统一的表格，将有利于追查与控制。

（3）管制执行的情况。对目标执行情况加以控制，是保证工作进度以及完成效果的利器。例如，可制定目标控制图，以便连续记录执行的情况，并能方便地看出该目标的执行情况，进行有效地控制。

（4）编制执行报告书。目标有定期的评估，在执行期间，单位主管应与执行目标的下属保持联系，了解执行情况，并往上呈报目标进展情况。

最高管理层控制及衡量目标的执行主要依赖各级工作的执行报告。执行报告书是目标执行检查的主要工具，一般包括四个方面的内容：①何事已经发生？②何事正在发生？③发生程度如何？④为使目标得以实现，目标执行人应使何事发生？

依据目标的性质，编制出执行报告书，提供给上级主管，供上级主管预测目标执行效果。[1]

提高执行力的五个基本条件：

（1）沟通是前提。有好的沟通力，才会有好的执行力。好的沟通是成功的一半。管理者根据目标制订出执行计划，明确执行人、监督人和完成时间，通过沟通，执行者明白领导的指令，向领导反映所需资源，整个团队集思广益、群策群力。在执行过程中分清战略目标的条条框框，并通过自上而下的合力使系统的执行更顺畅。

（2）协调是手段。协调就是合理分配或调动企业内部资源。好的执行

1　黄宪仁.如何推动目标管理：聚焦企业动能的最佳利器[M].厦门：厦门大学出版社，2010.

往往需要一个团队至少 80% 的资源投入，而那些执行效率不高的团队对资源投入甚至不到 20%，其中，60% 就是差距。一块躺在平地上的石头是没有力量的，但当它从悬崖上掉下时，就可以爆发强大的能力，这就是集势。充分的协调就是要集中企业的优势资源，将其放在最重要的战略布局上，让员工朝着同一个方向努力，就能达到事半功倍的效果。同时，协调还可对执行中出现的困难和问题提供帮助，使执行能够顺利推进。

（3）反馈是保障。只有良好有效的反馈才能得知执行的好坏。上级部署的每一项工作，不管完成到什么程度，遇到什么困难和问题都要及时向上级反馈，以便上级随时掌握工作进展情况，及时作出决策分析，为更好地完成工作任务打下基础。

（4）责任是关键。良好的责任心是一个员工爱岗敬业的表现。工作的结果要通过绩效考核来实现，而不应该只是单纯地通过道德来约束，更重要的是一种责任约束。让个体执行能力从主要业绩、行为态度和能力中体现出来，形成一种有效的奖惩制度，来更好地管理执行力。

（5）决心是基石。狐疑犹豫，后必有悔；顾小忘大，后必有害。决心与专注的人生信条同样适用于执行力管理。执行要坚决，要有足够的决心和毅力，成功就像一扇门，而决心就是打开成功之门的钥匙。"想要成功"与"一定要成功"两个概念大不相同，很多人之所以不成功，只是"想要"，而不是"一定要"。只有"一定要"，内心非常渴望，才能点燃生命活力，从而坚决执行，取得成功。

印度是仅次于中国的人口大国，近年经济发展迅速，IT 服务业异常发达。通信领域存在大量的增值业务需求，并需要快速上线部署。印度 B 客户拿到 G 网新牌照后，迅速启动了 SDP 建设。

基于对业务的深刻理解，华为的客户要的东西多而全，新想法很多。华为员工王锦亮是需求和方案负责人，长着一张娃娃脸的他首次出现在一群老练的客户面前时，客户满脸的怀疑。他带领 2 个印度员工白天在客户会议室逐条澄清需求，客户习惯要求当场给出技术方案，当场承诺版本时间，客户的口头禅是"作为专家，必须在 10 分钟之内给出解决方案，1 个小时内承诺版本时间"。晚上他们要去代表处写需求规格书和方案设计，与深圳、南京两地研发团队开会；接着又要连夜准备第二天的技术澄清材料，经常是凌晨两三点以后回宿舍，第二天一大早再去找客户。

在离验收期限只剩一个多月的时候，客户又提出近百项新需求。开发部主管吴国庆连续召集了多次交付分析会，迅速落实了版本和资源。产品线随即派主管赶赴一线，现场组织交付攻坚战。超过 70KLOC 规模的代码量，研发团队在两周多的时间里就赶出了版本。傅芳华是研发项目经理，付杰是核心部件的版本负责人，他们回顾这一段经历时总是少不了几分激动和自豪。傅芳华说："最紧张的时候，团队中有员工压力太大，跑进会议室放声大哭了一场。付杰安排大家轮流休息，自己却留守在现场。"

客户被 SDP 团队的工作热情和拼搏精神所感染，主动配合，一起不分白天黑夜连轴转，不到 5 天时间验收了 600 多项用例。几天后，客户快速完成了上千个手机下载类业务或内容的批量发布。客户激动地说这是印度电信领域最快的 SDP 交付记录。

第五节 执行就要心无旁骛

任正非在 2012 年 12 月 31 日的文章《力出一孔，利出一孔》中写道："大家都知道水和空气是世界上最温柔的东西，因此人们常常赞美水性、轻风。但大家又都知道，同样是温柔的东西，火箭可是空气推动的，火箭燃烧后的高速气体，通过一个叫拉法尔喷管的小孔，扩散出来的气流，产生巨大的推力，可以把人类推向宇宙。像美人一样的水，一旦在高压下从一个小孔中喷出来，就可以用于切割钢板。可见力出一孔，其威力之大。"

与水和空气一样，一个人即便很柔弱，力量不强，但只需要将力量集中于一点，干一行、爱一行、专一行，就能在平凡的岗位上创造出不平凡的业绩。

有这样一个故事：孔子带领学生去楚国采风。他们一行从树林中走出来，看见一位驼背翁正在捕蝉。他拿着竹竿粘捕树上的蝉就像在地上拾取东西一样自如。

"老先生捕蝉的技术真高超。"孔子恭敬地对老翁表示称赞后问，"您对捕蝉想必是有什么妙法吧？"

"方法肯定是有的，我练捕蝉五六个月后，在竿上叠放两粒粘丸而不掉下，蝉便很少有逃脱的。如叠三粒粘丸仍不落地，蝉十有八九会被捕住；如能将五粒粘丸叠在竹竿上，捕蝉就会像在地上拾东西一样简单容易了。"捕蝉翁说到此处捋捋胡须，对孔子的学生们传授经验。他说："捕蝉首先要学练站功和臂力。捕蝉时身体定在那里，要像竖立的树桩那样纹丝不动；

竹竿从胳膊上伸出去，要像控制树枝一样不颤抖。另外，注意力高度集中，无论天大地广，万物繁多，在我心里只有蝉的翅膀，我专心致志，神情专一。精神到了这番境界，捕起蝉来，那还能不手到擒来，得心应手么？"

大家听完驼背老人捕蝉的经验之谈，无不感慨万分。孔子对身边的弟子深有感触地议论说："神情专注，专心致志，才能出神入化、得心应手。捕蝉老翁讲的可是做人办事的大道理啊！"

还有这样一个故事：

一位年老的猎人带着他的三个儿子去草原上捕捉野兔。一切准备妥当，这时老猎人向三个儿子提出了一个问题：

"你们看到了什么呢？"

老大回答道："我看到在草原上奔跑的野兔，还有一望无际的草原。"父亲摇摇头说："不对。"

老二回答的是："我看到了爸爸、大哥、弟弟、野兔，还有茫茫无际的草原。"

老猎人又摇摇头说："不对。"

而老三的回答只有一句话："我只看到了野兔。"

这时老猎人才说："你答对了。"

执行就像打猎，要专注于你的目标，做到心无旁骛。从事任何工作都不能朝三暮四、三心二意。专注力是优秀执行者身上的一大特质，也是一个员工的良好品格。

有些员工有着自己的职业目标和职业规划，他们对自己所做的每个选择都十分谨慎，而且他们一旦从事某项工作后，往往就会不断地努力，心无旁骛。这种员工无论在哪个行业都易受到企业的重视与欢迎，他们往往是企业内部的精英、骨干，有些甚至是管理高层，而企业要做的是将其留下来。

嘉信理财的董事长兼 CEO 施瓦布是一个先天学习能力不足的人，现在快七十岁了，仍然读写能力不佳，阅读时必须念出来。有时候一本书要看很多次才能理解，写字时也必须以口述的方式，借助电脑软件来完成。这样一个人，他如何成就了一番伟大的事业？施瓦布的答案是：他比别人更懂得专注和用功。

他说："我不会同时想着十八个不同的点子，我只投注于某些领域，并且用心去做好它！"

这种"一次只做一件事"的专注态度，在嘉信公司近三十年的历史中体现得特别明显。当其他金融公司将顾客锁定于富裕的投资者时，嘉信推出了平价服务，专心耕耘一般投资大众的市场，心无旁骛，终于开花结果。

每个时期，嘉信都有专心投注的目标，这使它成为业界模仿的对象，在金融业立下一个个里程碑，成为《财富》杂志评选的"全球最受景仰的二十大企业之一"，而且是全美最适合工作的公司。

没有做到心无旁骛，只会给自己带来耻辱。

很多年前，在亚特兰大举行的 10 公里长跑比赛中，赞助者为健怡可口可乐公司。无论是在赛场，还是在各种媒体记者、运动员的比赛服上以及工作人穿的 T 恤衫上，健怡可口可乐的商标得到最显著的展示。

比赛当天早上，站在台上的大会荣誉总裁迪克·比格斯发表讲话时说："我们很高兴有这么多的参赛者，同时特别感谢我们的赞助商健怡百事可乐。"

站在迪克·比格斯背后的可口可乐公司代表极为愤怒："是健怡可口可乐，白痴！"超过1000位的参赛者也一片哗然，当时迪克·比格斯感到万分的羞辱和懊悔。他事后说："我知道是可口可乐，但是我当时分心走神了，结果洋相百出，给人留下了笑柄，可口可乐公司也对我不满。我永远也不会忘记这要命的一天，我知道了专注的重要性。"

迪克·比格斯的教训告诉我们：一个人如果不专注工作，哪怕是再简单的工作也会出现差错。

对于专注，任正非深有体会，因为专注是华为的一股强大力量。《华为公司基本法》第一条规定："为了使华为成为世界一流的设备供应商，我们将永不进入信息服务业。通过无依赖的市场压力传递，使内部机制永远处于激活状态。"华为专注于自己的核心领域，取得了令人瞩目的成绩，连排名世界500强第83位的思科公司也不得不重新审视这个可怕的对手。

第六节 纪律保证执行力

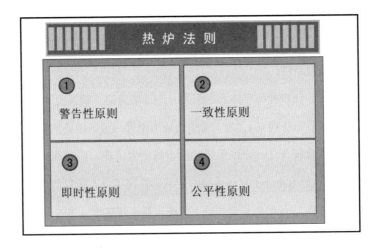

热炉法则

① 警告性原则

② 一致性原则

③ 即时性原则

④ 公平性原则

有一个美国青年因违反了新加坡法律而要受鞭刑，当时的美国总统克林顿亲自出面为他求情，但新加坡方面并未同意，依然对这名青年进行了鞭刑。这件事在当时成为全球津津乐道的新闻。人们感兴趣的并不是谁要挨打，而是新加坡政府在法律方面不折不扣的执行力。哪怕美国总统求情也不行！正因为严格的执行，说到做到，这四鞭子下去，不仅令受刑人终身难忘，同时也提醒天下人：千万不要以身试法！

去到某一个国家，我们就应该服从当地的法律。在企业中，我们应习惯在制度下工作，这是一种职业纪律，也是我们服从于企业、具备良好执行力的直接表现。华为公司重要政策与制度的制定,均要充分征求员工意见,并进行充分协商，抑侥幸，明褒贬，提高制度执行上的透明度。从根本上否定无政府、无组织、无纪律的个人主义行为。在这种体制下，每个员工都有可能、有机会成为管理层中的一员。

纪律，是事业的基础，是成功的保证，更是团队中不可或缺的一部分。在企业中，纪律就是为员工而制定的，一个好的员工视纪律如生命，把服从当成自身的一部分。只有这样，他们才会成为企业所需要的员工。

无论我们处于什么岗位，首先要做到的一点就是，不能违反岗位制度。否则，即使我们做出了工作成绩，也难以被别人认可。甚至还会受到领导的猜疑，他会把我们当成"有组织无纪律"的员工。

纪律同时也是个人事业成功的基础，是圆满完成任务的保证，更是团队精神中不可或缺的重要组成部分。一个好的员工视纪律如生命，把遵守纪律当成自身的一部分。因为只有这样，才会成为企业所需要的具有高执行力的员工。可以说纪律是员工应当遵守的行为准则，而遵守纪律则是员工对工作态度与目标的承诺。

华为是一个半军事化管理、纪律严明甚至有些苛刻的公司，在华为对运营商现场服务的大型软件集成项目组内部同样也体现了这种风格。就拿×××合作项目组来说，项目组现场管理制度包括了严格且明确的现场纪律要求条款，如严格规定上下班作息时间，办公桌面要求整齐清洁，下班后要求电脑和显示器关机、空调关闭、房间锁门，离开办公桌 10 分钟以上必须内部邮件通知，上班时间不得上与工作无关网站，等等。以上条款，都配有不同数量的违反扣分，每人每月可扣分总数为 100 分，当被扣至 80 分以下时需要罚款 50 或 100 元；当被扣至 60 分以下时将可能被降薪或被项目组辞退，被罚款项一般用作项目组的零食专款或奖励专款；而连续 3 个月以上得满分 100 者，项目组可奖励其 100 元。项目经理会从平时工作认真负责且全体成员认可度比较高的普通组员中分别选择任命1名纪律监督员和1名记录考勤员，纪律监督员负责不定期地突击检查员工的纪律情况并接受纪律举报，考勤员负责上下班考勤和纪律扣分登记记录并月底汇总每人得分总数。这种罚和奖不只是记录而已，还是在每月底召开的民主生活会上现场进行，该罚的现场掏钱，该奖的现场收钱，项目组所有的人都看着，确实是奖罚分明。

在华为公司，每次开会或者学习研讨，虽然大家都已经做到了，但秘书在每次开会前还是会宣布会场纪律。尤其是关闭手机这一制度，与会人员必须要做到。做不到的，就要接受罚款的惩罚。秘书这么做是不是多此一举？显然不是，它恰恰体现出了秘书的责任心。既然宣布会场纪律是她的职责，那么她就应该按照职责的要求去做。以前没有违反纪律的现象，不能保证以后没有违反纪律的现象。就如同以前违规操作没发生事故，不意味着以后违规操作也不会发生事故一样。

一个尊重自己职业的员工，也必定是一个具有强烈纪律观念的员工。因为有着强烈纪律意识，能够深刻地理解工作，就会积极主动地完成工作、执行到位，在不允许妥协的地方绝不妥协，也绝不找任何借口拖延。

纪律对于员工来说，就是不可触摸的"热炉"。管理学中有个著名的"热炉法则"，由管理学家麦格雷戈提出，我们不妨用它来规范自己的行为，让自己更具纪律性，更具执行力。

"热炉法则"（hot stove rule）是指组织中任何人触犯规章制度都要受到处罚。它是由于触摸热炉与实行惩罚之间有许多相似之处而得名。"热炉"形象地阐述了惩处原则：

（1）热炉火红，不用手去摸也知道炉子是热的，是会灼伤人的——警告性原则。企业领导要经常对下属进行规章制度教育，以示警告。

（2）每当你碰到热炉，肯定会被火灼伤——一致性原则。说和做是一致的，说到就会做到。也就是说，只要触犯规章制度，就一定会受到惩处。

（3）当你碰到热炉时，立即就被灼伤——即时性原则。惩处必须在错误行为发生后立即进行，决不能拖泥带水，决不能有时间差，以便达到及时改正错误行为的目的。

（4）不管是谁碰到热炉，都会被灼伤——公平性原则。不论是企业领导还是下属，只要触犯企业的规章制度，都要受到惩处。在企业规章制度面前，人人平等。

第七节　让目标集中：压强原则

将工作努力集中在一件事情上，便于完成目标。让目标集中，这样可以集中精力，解决一件完整的事，哪怕这个目标再进行多项分解。

所谓"压强原则"，《华为公司基本法》中是这么解释的："我们坚持'压强原则'，在成功关键因素和选定的战略生长点上，以超过主要竞争对手的强度配置资源，要么不做，要做，就极大地集中人力、物力和财力，实现重点突破。在资源的分配上，应努力消除资源合理配置与有效利用的障碍。我们认识到对人、财、物这三种关键资源的分配，首先是对优秀人才的分配。我们的方针是使最优秀的人拥有充分的职权和必要的资源去完成分派给他们的任务。"

华为提倡的"压强原则"其实不仅体现在市场领域，在研发领域同样适用，只不过在市场领域体现得明显一些。尤其是在早期，华为显然很明白自己无论是在产品、市场还是在管理上都不占优势，要想在竞争中赢得优势，只能通过人海战术。对华为有利的是，中国极低的劳动力成本，允许其将"压强原则"发挥到极致。

从做代理商那天起，任正非就希望做出自己的产品，这种渴望成为华为涉足自有技术开发的原动力。任正非一开始就给华为定下了明确目标：紧跟世界先进技术，立足于自己科研开发，目标是占领中国市场，开拓海外市场，与国外同行抗衡。"研发成功，我们都有发展，如果研发失败，我只有从楼上跳出去。"任正非最初的选择充满了悲壮。接下来一年时间里，华为用去全部"家当"投入研发。华为北京研究所路由产品线总监吴钦明表示："华为选择技术生存，意味着华为把所有资源投入到一个箩筐中，不会留给自己太多的退路。"

志存高远的华为义无反顾地把代理所获的微薄利润，点点滴滴都放到小型交换机的自主研发上，从局部突破，逐渐取得技术的领先，继而带来利润。新的利润再次投入到技术研发中，周而复始，心无旁骛，为今后华为的品牌战略奠定了坚实的技术基础。

任正非表示："我们把代理销售取得的点滴利润几乎全部集中到研究小型交换机上，利用'压强原则'，形成局部的突破，逐渐取得技术的领先和利润空间的扩大。"

20 世纪 90 年代初，在资金技术各方面都匮乏的条件下，华为咬牙把鸡蛋放在一个篮子里，依靠集体奋斗，群策群力，日夜攻关。为了将有限的资源集中到产品研发，绝大部分干部、员工常年租住在深圳关外的农民房里，拿着很微薄的工资，还经常把收入又重新投入到公司，以用来购买原材料、实验测试用的示波器，等等。

事实证明，整个策略非常有效。1994 年，华为终于拿出了自己研制的第一台通信设备——C&C08，此设备是可以应用于国家高层网络的万门机。很快，华为获得第一批订单——江苏省邳州约 4000 门的程控电话系统。在随后的北京通信展览会上，华为凭借 C&C08 将国内同类厂商远远地抛到了身后。

作为国内通信网的核心设备，C&C08 交换机在网络的各个层面获得应用，广泛应用于国际局、长途局、汇接局、关口局、市话端局、专网和商业网等。截至 2005 年底，华为 C&C08 交换机已向全球 55 个国家和地区累计销售 1.4 亿线，为全球通信网建设做出了卓越贡献。至今，C&C08 依然对华为有重大的市场贡献。

著名企业战略专家姜汝祥认为，在技术条件有限的情况下，更多的国内厂商宁愿选择跨越较低的技术门槛。这样做市场进入成本低，收益快。照此推理，华为开发万门交换机为远期性市场做准备，而在短时间内可能失去与巨龙等公司的竞争能力。然而，对于华为来说，万门交换机意味着远近兼收。此后，华为在技术研发上始终保持着优势。自此，华为摆脱了其他上百家国内小型电信设备商的纠缠，走上高速发展的道路。

1999 年，华为 Quidway A8010 接入服务器获得成功；2000 年至 2001 年两年时间，华为 Quidway 路由器在高、中、低端市场全面确立领先地位。接入服务器和路由器的成功不仅给了华为充分的信心，也使他们赢得了品牌、渠道等各方面的资本。

华为之所以能竞争过国内的同业者，是因为华为总是集中优势资源突破一两个产品，而一些被华为超越的对手由于按项目核算，部门之间互不往来，资源分散了，很难在某些产品上突破。

到今天，华为已经跻身于世界少数几家能够提供 CAC08 — STP 数字程控交换机设备的巨头行列。

在华为国际化扩张之前，华为与国内竞争对手的差距还不是很大，基本上处于一个量级。而进入 2000 年之后，随着华为在国际市场全面突破，差距迅速拉大。

2014 年，谈及华为的未来，任正非称，华为今天还是一个硬件公司，未来也还会是以硬件为主。目前华为的软件工程师占了所有工程师的 80%，但这些软件工程师真正还是为硬件服务的。"华为今天还是一个硬件公司，未来也还是会以硬件为主。转型太快，华为未必能承担得了。华为坚信自己在纵向发展过程中，能提高对大数据流量的服务能力。"

中兴通讯却选择了多元化的道路，号称全世界通信产品线最齐全的公司，在各个领域都有所涉及，大而全的发展策略在一定程度上阻碍了其扩张速度。

2013 年，任正非在一次业务讲话中这样强调了华为 3 ~ 5 年的战略。他表示："在我们这个时代，最近的 3 ~ 5 年，对华为至关重要的就是要抢占大数据的制高点。这 3 ~ 5 年如果实现了超宽带化以后，是不可能再有适合我们的下一个时代的。那么什么是大数据的制高点呢？我们在东部华侨城会议已有决议，按决议去理解就行了。不是说那个 400G 叫制高点，而是任何不可替代的、具有战略地位的地方就叫制高点。那制高点在什么地方呢？就在 10% 的企业，10% 的地区。从世界范围看大数据流量，在日本是 3% 的地区，汇聚了 70% 的数据流量；中国国土大，分散一点，那么 10% 左右的地区，也会汇聚未来中国 90% 左右的流量。那我们怎么能抓住这个机会？我认为战略上要聚焦，要集中力量。"

"我们要学会战略上舍弃，只有略才会战胜。当我们发起攻击的时候，我们发觉这个地方很难攻，久攻不下去，可以把队伍调整到能攻得下的地方去，我只需要占领世界的一部分，不要占领全世界。胶着在那儿，可能错失了一些未来可以拥有的战略机会。以大地区来协调确定合理舍弃。未来 3 ~ 5 年，可能就是分配这个世界的最佳时机，这个时候我们强调一定要聚焦，要抢占大数据的战略制高点，占住这个制高点，别人将来想攻下来就难了，我们也就有明天。大家知道这个数据流量有多恐怖啊，现在图像要从 1k 走向 2k，从 2k 走向 4k，走向高清，小孩拿着手机啪啦啪啦照，不删减，就发送到数据中心，你看这个流量的增加哪是你想象的几何级数啊，是超几何级数的增长，这不是平方关系，可是以立方、四次方关系的增长的流量。这样管道要增粗，数据中心要增大，这就是我们的战略机会点，我们一定要拼抢这种战略机会点，所以我们不能平均使用力量，组织改革要解决这个问题，要聚焦力量，要提升作战部队的作战能力。企业业务在这个历史的关键时刻，也要抢占战略制高点。你们也有战略要地，也做了不少好东西。"

第八节　"雁行理论"

下个秋天，当你见到雁群为过冬而朝南方，沿途以 V 字队形飞行时，你也许已想到某种科学家论点已经可以说明它们为什么如此飞。野雁每年要飞行好几万千米，光是一天内就可以飞越好几百千米的距离，真是人世间的一大奇观，而它们就靠随时不断的互相鼓舞来到达目的地。

野雁的叫声不但热情十足，而且足以给人精神鼓舞……当每一只雁鸟展翅拍打时，造成其他的雁鸟立刻跟进，整个雁群抬升。借着 V 字队形，整个雁群比每只雁鸟单飞时，至少增加了分比的飞行距离。

与拥有相同目标的人同行，能更快速、更容易地到达目的地，因为彼此之间能互相推动。任正非多年来一直对企业的各级接班人提出了两点最基本的要求：一是要认同华为的核心价值观；二是要具备自我批判精神。也就是既要坚持原则，也要不断自省，在"否定之否定"中实现创造性的发展。因此，认同了这个要求的华为接班人就会更快速地和华为一起发展。

过去我们的工作方式好比一只只单飞的雁，分工较多而合作较少，作为万物之灵的我们，只要同心协力必定也有提升 71% 生产力的潜能，以合作取代独立竞争，一起创造整体的工作价值。

当一只野雁脱队时，它立刻感到独自飞行时迟缓、拖拉与吃力，所以很快又回到队形中，继续利用前一只鸟所造成的浮力。

如果我们拥有像野雁一样的感觉，我们会留在队里，跟那些与我们走同一条路，同时又在前面领路的人在一起。愿意接受他人的协助，也愿意协助他人是组织成功与否的必要条件。因此，每个组织的成员除了本身的专长，还必须努力去学习别人会的技能，扮演多能或知能的角色，才能与队友同心协力，互助合作。

当领队的野雁疲倦了，它会轮流退到侧翼，另一只野雁则接替飞在队形的最前端。轮流从事繁重的工作是合理的，轮流担任与共享领导权是必要及明智的，对人或对南飞的野雁都一样。组织的领导者并不是固定不变的，因此，每个组织的成员都必须准备好有一天担任领导者的职务。我们期待人人将工作的价值观予以提升，勿为生活而工作，要为工作而生活，成为充实、快乐、生活充满意义的知识工作者。

华为的接班人制度，就像雁群领航一样，轮流领航，相互扶持。

实际上，1995 年华为刚刚度过艰苦的创业期，任正非就已经在考虑接班人的问题了。华为接班人问题的第一次提出，是以增强企业竞争力为目标的"制度建设副产品"的形式出现的。那时候任正非刚过 50 岁，他当时考虑的也许并不是自己的接班人，而是如何建立一个让能力和价值观可以完整复制，人力资本不断增值的覆盖整个公司人力资源体系的接班人制度，这就是所谓"群体接班"思想产生的基础。

任正非表示，在华为，每个员工都可以成为接班人，接班人是广义的，不是高层领导下台产生接班人，而是每时、每刻、每件事、每个岗位、每条流程都发生这种交替行为，每个人的岗位身边都有人盯着，你不行，人家上，这叫"全员接班制"。任正非通过这样的做法，把危机意识和压力传递到每一个员工，通过无依赖的压力传递，使内部机制永远处于激活状态。

1997 年底，任正非说："希望华为能够出现 100 个郑宝用，100 个李一男。"其背后的含义，是希望华为通过群体成长的方式，摆脱对个别人的依赖，这其中当然包括他本人。《华为公司基本法》的初衷是要培养接班人，实现个人到组织的超越。

让我们回到 2002 年。华为 2002 年的销售收入达到 160 亿元，员工数量也已经突破 2 万，但任正非的个人作用依然强大，华为延续着高度集权的管理模式，任正非身兼事实董事长和 CEO，所有战略与经营重大决策基本上都是任正非一个人说了算，即便有明确的董事会章程和经营决策的EMT 会议规程，也往往是形式大于内容，表决的时候，与任正非一致自然通过，与任正非不一致的话，以任正非的意见为准。然而，正因为任正非的经验主义使华为只抓住了小灵通生命周期中的尾巴。也正是 2002 年，华为出现了历史上第一次负增长，外部环境因素非常清楚，但内部原因则与权系一身的高风险决策模式直接相关。随着华为国际化的规模扩张和全球市场地位的提升，战略能见度变得越来越低，依靠领导者个人能力判断中国市场尚且失准，预测国际市场更是难上加难。

于是任正非开始意识到：效率很高但风险巨大的个人决策模式必须改变，否则将危及公司的生命安全。为了规避风险，华为采取的是逐步放权、稳步培养的渐进模式。2004 年开始，先从 COO 首席运营官开始轮，涉及战略性的重大决策，依然由 CEO 任正非或其代理人孙亚芳董事长负责，而将运营管理的决策交由 COO 负责，华为当时"1+6"人的 EMT(执行管理团队)中，任正非之外的其他六名 EMT 成员轮流担任 COO，任正非负责把守最后一道关隘，同时充当了扶上马、送一程的教练角色。经过七八年的试验，在轮值 COO 制度成熟之后，从 2011 年开始实行目前的轮值 CEO 制，任正非也逐渐开始脱离管理团队，专注于董事会层面的决策管理和 CEO 教练。其目的就是通过这种"在岗培养 + 在岗选拔"的方式，为"后任正非时代"做准备。目前，华为采取的是"能进能出"的候选人机制，任何人都不可能是轮值 CEO 的钦定人选，董事会制定相关轮值制度，并根据明确的任职资格标准对 CEO 候选人 (EMT 成员) 进行评估选拔，定期对其履职情况进行考核评价，并根据评价结果进行人事调整。[1]

1　华为轮值 CEO 制度非长久之计 [J]. 中国企业家，2012(5).

•延伸阅读•

工作追踪是追什么

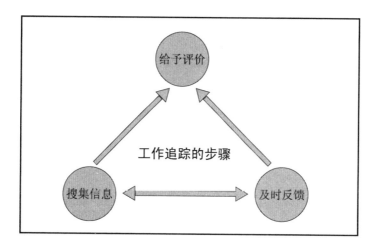

根据管理大师彼得·F·德鲁克的观点，目标管理所要达到的两个核心目的：一个是激励，一个是控制。通过设定目标对整个组织的行为进行控制，从这个意义上讲，那就不只是设定目标，而是要使整个组织把各种资源调动起来，围绕目标往前走，这就需要不断对工作进行追踪。如果发生了偏离，通过工作追踪及时对这个偏离的情况进行评估，然后把这个信息进行反馈，并采取一定的措施，保证目标能够按照原来的设定实现。

追踪管制是目标执行过程中所不可缺少的环节，它不是对下属工作的简单监视与部署，也不是对其行动进行严厉控制的手段，而是协助下属解决在目标执行过程中所遇到的困难，使其一直处于工作的正常轨道上，按时保质地完成任务。

有的经理认为工作追踪应以下属的工作表现为主，每天都能保证不迟到、不早退，在领导视野所及的范围内勤奋工作的就是好员工。问他们这样做的理由，他们会说："我就看到某某工作认真了，所以他就是好员工，某某人我从来没看见他干什么。"

实际上，因为经理的精力有限，不可能对所有下属的工作表现都能凭着主观的感觉感觉到。一方面造成工作追踪的片面性，另一方面很可能伤害到其他员工的感情，从而起不到工作追踪、进行阶段性工作评价的作用。到头来，没有人再去重视这个过程。

因此，工作追踪应当着重客观性的标准——工作成果，同时也要兼顾主观性的标准——工作方法和个人品质。

工作追踪是追什么？是追踪业绩情况与目标的距离，还是追踪他和目标之间的偏离程度？应当说，工作追踪首先要追踪的是他是不是在朝着目标走，偏离目标是最可怕的，表面上完成计划并不等于没有偏离目标。

要确保完成目标执行的任务，必须追踪绩效，了解执行过程所发生的各种状况，以便及早协助或加强管理。

美国赛跑选手彭思特（Peng Rest）就是一个很好的例子。他认为如果快跑到终点时才发现跑得不够快而想加速，就已经迟了。因此在训练时，他为了能有足够的时间调整速度，在每四分之一公里的地方，安排一位手持秒表的人，当他经过时，便告诉他时间。于是他便知道自己跑得怎么样，该如何控制速度。

最后，他终于打破了世界纪录。这便是"执行过程加以追踪"的好处。

在目标的执行过程中，企业应及时对目标的执行情况进行追踪。追踪管制是针对目标衡量工作成果，改正偏差，确保目标的实现。追踪管制是目标执行过程中不可缺少的工作，它不是监视下属的工作，也不是严厉的控制行动，而是协助下属解决困难，引导其步入工作正轨，顺利达到企业的总目标。

企业实施目标管理，进行目标追踪，其主要目的有：

1.发现目标执行过程的偏差，及时修正；

2.以考核的手段来激发员工的责任意识；

3.加强沟通。目标进度的追踪检讨，可以利用会议方式举行。如果能加强沟通，上下级间的结合会更加默契，使目标追踪工作更加有效。

总之，不同的企业在实施目标管理时会遇到不同的问题，因此，其实施目标追踪的目的也相应地有所差异，企业应根据目标实施的具体情况，确定最适合的目标追踪目的。[1]

工作追踪第一步：搜集信息

搜集信息现在主要有以下几种途径和方式：

A. 建立定期的报告、报表制度。很多公司销售部门、生产部门的定期报告制度要好一些，甚至连值班日志都已经很规范了，但其他大多数部门可能就是以口头汇报为主，这是不行的，一定要制定严格的报告、报表制度。

B. 定期的会议。

C. 现场的检查和跟踪。

这些工作就方法而言，并不复杂，但关键是要能细致并且不断坚持。

工作追踪第二步：给予评价

1　黄宪仁.如何推动目标管理：聚焦企业动能的最佳利器 [M].厦门：厦门大学出版社，2010.

在对工作追踪进行评价时，要注意以下四个要点：

第一，要定期的追踪。管理者有时候工作一忙，就顾不上去了解下属的工作情况，而一旦形成三天打鱼、两天晒网的习惯，下属的工作就有可能渐渐松懈。对下属工作追踪要养成定期的习惯，同时让下属也感到主管有定期检查的习惯，这是非常重要的。

第二，分清楚工作的主次。管理者的事务很多，不可能事事追踪，因此一定要分清事情的主次，对重要的事一定要定期检查，而次要的事则不定期抽查。

第三，对工作进行评价。工作评价的一个重点是看目标是否偏离，有时候是与目标有差距；有时候是具体的方法的差异；有时候看上去业绩实现了，但目标实际上是偏离了，就像前文所述分公司的例子。如果评价发现目标有偏离，就要及时把它拉回来。

第四，避免只做机械式的业绩和目标的比较，应当发掘发生偏差的原因。

工作追踪第三步：及时反馈

经理必须定期地将工作追踪的情况反馈给下属，以便下属：

1.知道自己表现的优劣所在；

2.寻求改善自己缺点的方法；

3.使自己习惯于自我工作追踪及管理。

如果发现下属目标达成不理想，那么可以提建议。有的下属，当你指出他的工作偏离了目标，他能够很快地意识到这一点，根据主管的建议去进行调整。另一种方式就是强行把目标拉回来。

不论是采用哪种方式，都必须做到及时反馈，这样坚持的时间长了，大家就会发现，凡是偏离公司目标的事情是绝对不允许的，这就在公司内部形成一个基本的职业原则。既激励大家去完成任务，又威慑那些有可能故意偏离目标的人。[1]

（本文摘编自《怎样有效实施目标管理》.广东通信技术，作者：王凤军）

1　章哲.目标管理：有目标，还要有工作追踪 [J]. 总裁，2002.

第九章

达成目标的必要手段：绩效考核

达成目标的必要手段：绩效考核

绩效考核是一种手段

平衡计分卡优化绩效考核

绩效考核的目的是改善绩效

最重要的环节：绩效反馈

绩效考核对员工的激励

考核机制倒过来

绩效考核的导向作用

绩效考核的指标设定

绩效考核的目标设定

第一节　绩效考核是一种手段

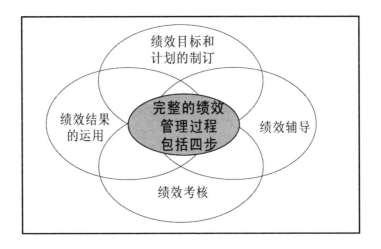

深夜，三个和尚虽然都渴极了，却仍然互不理睬。这时，一只小老鼠神气活现地跑出来。它爬上烛台，弄倒了蜡烛，烧着了幔布。哎呀，寺庙着火了！

三个和尚冲到寺外，一个下山挑水，一个泼水救火，一个用被子扑打，齐心协力，终于扑灭了大火，保住了寺庙！三个和尚高兴得互相握手庆贺。

从此以后，胖和尚在山下打水，小和尚摇水上山，高和尚把水倒进水缸。三个和尚分工合作，水缸里总是满满的。

三个和尚没水喝的原因是没有"领导"来考核每个人的工作绩效，职责不清而互相推卸责任，最后，一只恶作剧的小老鼠使他们认识到问题的严重性，引起了他们对绩效的关注。

绩效考核是对员工绩效的评价，那么什么是员工的绩效？

绩效是一个含义广泛的概念，在不同情况下，绩效有不同的含义。从其字面上来看："绩"是指业绩，即员工的工作结果；"效"是指效率，即员工的工作过程。也就是讲：

绩效 = 结果 + 过程（取得未来优异绩效的行为与素质）

绩效 = 做了什么（实际结果）+ 能做什么（预期结果）

需要说明的是，绩效考核无疑是绩效导向式的。但绩效导向并不意味着只关注结果，在关注结果的同时，也关注取得这些结果的过程，即员工在未来取得优异绩效的行为和素质，所以讲，这里的绩效是过去绩效与未来取得优异绩效的行为与素质的总和。

传统人事考核的着眼点是"工作中的人"，其价值判断在于人是成本；而现代绩效考核的着眼点则是"人的工作"，其价值判断人是资源。因此，绩效考核的要素与指标必须聚焦于真正意义上的绩效。

有工作就有业绩，要衡量、比较业绩，就需要考核。与"流程再造"类似，"绩效考核"（Performance Management）这个名词首先应用于企业管理，属于管理学的范畴。一段时间以来，"绩效考核"由于能够较为客观、公正地反映工作实绩，被各行各业广泛采用，成为一种流行的做法。

在现在企业竞争这么激烈的情况下，还有很多企业至今没有做企业绩效管理。很多企业在绩效管理前，没有把员工的思想观念转变过来，让员工了解到绩效管理好的一面，那么这样绩效管理考核是很难进行下去的。

其实绩效管理最大的好处就在于可以通过绩效过程，帮助员工建立目标管理：

（1）可以规范员工的能力和人力成本；

（2）可以体现员工的责任力；

（3）可以使员工的积极性被调动；

（4）可以增加团队合作精神；

（5）可以分清员工的价值；

（6）可以使公司进步。

绩效考核只是一种手段，而不是目的，让员工反感的绩效考核方案是失败的。绩效考核方案要从工作分析（岗位分析）着手，可以同被考核人员的上级沟通，希望其近期内要达到怎样的目标，但这个目标一定要努力一下就可以达到的，不要像"农民用萝卜引诱驴子"那样，总觉得目标就在眼前，但就是达不到。不可擅自更改绩效成绩，成绩达到了就要兑现奖金。绩效管理是为了帮助员工提高工作效率和工作能力。[1]

完整的绩效管理过程包括四步：

（1）绩效目标和计划的制订；

（2）绩效辅导；

（3）绩效考核；

（4）绩效结果的运用。

绩效考核只是其中的第三步，由于考核结果是一个很重要的结论，因此大家往往最关注这一步。但奇怪的是，越关注绩效考核这步，绩效管理的工作难度就越大，绩效管理的正向激励作用也越少；越不关注绩效考核，

1　绩效考核的必要性 [J]. 时代光华，2012(8).

反而去重点关注绩效辅导，却越能激励和激发员工。这其中的原因是，在绩效考核时，员工和主管处于对立的位置，双方关系是紧张和戒备的；而在绩效辅导时，员工和主管处在同一角度，主管是在帮助员工提高能力、改进工作、达成工作目标，员工和主管更类似学生和老师的关系，更容易达成共识，也更信任对方、关心对方。

第二节　绩效考核的目的是改善绩效

三只老鼠一同去偷油喝。他们找到了一个油瓶，但是瓶口很高，够不着。三只老鼠商量一只踩着一只的肩膀，叠罗汉轮流上去喝。当最后一只老鼠刚刚爬上另外两只老鼠的肩膀上时，不知什么原因，油瓶倒了，惊动了人，三只老鼠逃跑了。回到老鼠窝，他们开会讨论为什么失败。

第一只老鼠说，我没有喝到油，而且推倒了油瓶，是因为我觉得第二只老鼠抖了一下。

第二只老鼠说，我是抖了一下，是因为最底下的老鼠也抖了一下。

第三只老鼠说，没错，我好像听到有猫的声音，我才发抖的。

于是三只老鼠哈哈一笑，那看来都不是我们的责任了。

德鲁克说：绩效考核的目的是改善绩效，而不是分清责任，当绩效出现问题的时候，大家的着力点应该放在如何改善绩效而不是划清责任。

遇到问题先界定责任后讨论改善策略是人们的惯性思维，当我们把精力放在如何有效划清责任上而不是如何改善上，那么，最后的结果都是归错于外，作为企业员工谁都没有责任，最后客户被晾在了一边，当责任划分清楚了，客户的耐心也已经丧失殆尽了。于是，客户满意和客户忠诚也随之消失了，最后企业的财务目标的实现没有了来源，股东价值无从说起。

再看看人类怎么思考。

在一次企业季度绩效考核会议上，营销部门经理 A 说："最近的销售做得不太好，我们有一定的责任，但是主要的责任不在我们，竞争对手纷纷推出新产品，比我们的产品好。所以我们也很不好做，研发部门要认真总结。"

研发部门经理 B 说："我们最近推出的新产品是少，但是我们也有困难呀。我们的预算太少了，就是少得可怜的预算，也被财务部门削减了。没钱怎么开发新产品呢？"

财务部门经理 C 说："我是削减了你们的预算，但是你要知道，公司的成本一直在上升，我们当然没有多少钱投在研发部了。"

采购部门经理 D 说："我们的采购成本是上升了 10%，为什么你们知道吗？俄罗斯的一个生产铬的矿山爆炸了，导致不锈钢的价格上升。"

这时，A、B、C 三位经理一起说："哦，原来如此，这样说来，我们大家都没有多少责任了，哈哈哈哈。"

人力资源经理 E 说："这样说来，我只能去考核俄罗斯的矿山了。"

这是老鼠偷油故事的企业版，多么鲜活的案例，看看故事，再想想自己，是不是该改变一下思维方式了？

不能用来指导并改进绩效的指标不仅毫无用处，而且不相关的数据还会掩盖现有的绩效情况，混淆视听，它们会引起不存在的控制假象。

企业要发展很简单，工作目标落实了，问题解决了，绩效改善了，企业就发展了。但是我们的绩效考核体系的重心往往不是在绩效改善、目标落实，而是企业上下都在关注分数怎么打，这就导致了很多工作都是围绕着如何获得高分。

所以我们如果要考虑清楚绩效考核到底是什么，首先要考虑的是绩效考核的根本目的是什么，以及绩效管理的基本概念，包括由谁承担怎样的责任、具体该如何操作。

绩效考核完成以后，有些组织就将评估结果束之高阁，置之不理，认为一切万事大吉了。这样恰恰违背了绩效考核的宗旨。应将考核结果与相应的其他管理环节相衔接，应用于各个管理环节中，为绩效管理的改进与发展提供可靠依据：

（1）绩效考核结果反馈给员工后，有利于帮助员工认识自己的缺点和优势，有利于推动制订绩效改进计划；

（2）根据绩效考核的结果分析对员工进行量身定制的培训；

（3）薪酬奖金的分配直接与员工个人业绩相挂钩；

（4）如果确实是员工本身能力不足，不能胜任工作，管理者则将考虑为其调整职务或解雇；

（5）员工职业发展开发可根据绩效评价的结果展开；

（6）绩效考评结果是为组织提供总体人力资源质量优劣程度，以及员工晋升和发展潜力的数据来源，促进组织的未来发展制定人力资源规划；

（7）公平公正的绩效评价可以正确处理内部员工关系。

华为把绩效管理看做管理者与员工双方双赢的一个过程，是就目标及如何达到目标而达成共识，并增强员工成功地达到目标的管理方法。华为公司认为绩效管理不是简单的任务管理，它把绩效管理看做一个循环流程，包括绩效计划与指标体系的构建、过程控制、绩效考核与评价、绩效反馈与面谈、绩效考核结果应用五个基本环节，绩效管理既重视结果，也重视过程。如图 9-1 所示。

图 9-1　绩效管理关系图

华为公司将绩效管理分为四个步骤，即绩效目标、绩效辅导、绩效评价、绩效反馈。华为公司指出，这是一个循环过程，如图 9-2。

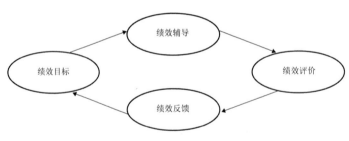

图 9-2　纯净管理结构图

但是过度追求量化的绩效考核，也可能导致团队成员只关注自身的指标完成情况，而对于团队的整体目标缺乏关注，会增加团队协作、共同负责的难度。特别是在矩阵管理模式下，更需要倡导跨部门的协作文化，打破部门墙。有时候，矩阵管理和量化的绩效考核之间，好像存在着不可调和的矛盾。矩阵管理强调跨部门协作、相互的配合；量化的绩效考核则强调按照职责分工各负其责，"各扫门前雪"。

没有绩效考核可能导致大锅饭，有人工作时出工不出力；而过于重视绩效考核，又会破坏团队的合作氛围。怎么解决这个矛盾呢？这就要精心设计考核指标的分解和分配方式，特别是在矩阵管理模式下，要将基于职能架构的绩效管理模式，转变为基于矩阵架构的绩效管理模式。在考核指标的设计上，除了从部门的纵向分解，同时要从流程的横向角度考虑协作，让需要相互协作的员工更多地关注流程的整体交付，从而实现"局部最优"和"整体最优"的结合和平衡。另外，平衡积分卡的财务、客户、流程、学习四个维度的平衡考虑，也是希望在考核时不要过度重视短期利益，而是将长期利益和短期利益相结合。这些都能够有效规避量化绩效考核的缺陷。

第三节　绩效考核对员工的激励

有的企业做了企业绩效管理但是没效果，只是过过形式，没有真正的考核价值。导致这些问题的原因可能是很多企业管理者只是看到绩效管理的一面，只是看到绩效管理约束员工、处罚员工的一面，却没有看到绩效管理对员工激励、引导、支持的作用。

激励和奖励员工是绩效考核的主要目标之一。当资源是可见的时，容易监控；人力资源及智力是不可控的，管理的难度增加，激励变得尤其重要；只有通过考核，才有激励和奖励员工的依据，通过一个增强的环路回馈，使高绩效员工保持高绩效，令后进者向往和主动改善绩效。

下面有一个故事。

黑熊和棕熊喜食蜂蜜，都以养蜂为生。它们各有一个蜂箱，养着同样多的蜜蜂。有一天，它们决定比赛看谁的蜜蜂产的蜜多。

黑熊想，蜜的产量取决于蜜蜂每天对花的"访问量"。于是它买来了一套昂贵的测量蜜蜂访问量的绩效管理系统。在它看来，蜜蜂所接触的花的数量就是其工作量。每过完一个季度，黑熊就公布每只蜜蜂的工作量；同时，黑熊还设立了奖项，奖励访问量最高的蜜蜂。但它从不告诉蜜蜂们它是在与棕熊比赛，它只是让它的蜜蜂比赛访问量。

棕熊与黑熊想的不一样。

棕熊认为蜜蜂能产多少蜜，关键在于它们每天采回多少花蜜。花蜜越多，酿的蜂蜜也越多。于是它直截了当地告诉众蜜蜂：它在和黑熊比赛看谁产的蜜多。棕熊花了不多的钱买了一套绩效管理系统，测量每只蜜蜂每天采回花蜜的数量和整个蜂箱每天酿出蜂蜜的数量，并把测量结果张榜公布。棕熊也设立了一套奖励制度，重奖当月采花蜜最多的蜜蜂。如果一个月的蜂蜜总产量高于上个月，那么所有蜜蜂都受到不同程度的奖励。

一年过去了，两只熊查看比赛结果：黑熊的蜂蜜不及棕熊的一半。

黑熊的评估体系很精确，但它评估的绩效与最终的绩效并不直接相关。黑熊的蜜蜂为尽可能提高访问量，都不采太多的花蜜，因为采的花蜜越多，飞起来就越慢，每天的访问量就越少。

另外，黑熊本来是为了让蜜蜂搜集更多的信息才让它们竞争，由于奖励范围太小，为搜集更多信息的竞争变成了相互封锁信息。蜜蜂之间竞争的压力太大，一只蜜蜂即使获得了很有价值的信息，比如某个地方有一片巨大的槐树林，它也不愿将此信息与其他蜜蜂分享。

而棕熊的蜜蜂则不一样，因为它不限于奖励一只蜜蜂，为了采集到更多的花蜜，蜜蜂相互合作，嗅觉灵敏、飞得快的蜜蜂负责打探哪儿的花最多最好，然后回来告诉力气大的蜜蜂一齐到那儿去采集花蜜，剩下的蜜蜂负责贮存采集回的花蜜，将其酿成蜂蜜。

虽然采集花蜜多的能得到最多的奖励，但其他蜜蜂也能捞到一点好处，因此蜜蜂之间远没有到人人自危、相互拆台的地步。[1]

由于乐队指挥者的指挥才能不同，乐队也会作出不同的表现：或者演奏得杂乱无章，或者表现出激情与才华。

激励是手段，激励员工之间竞争固然必要，但相比之下，激发起所有员工的团队精神尤显突出。绩效评估是专注于活动，还是专注于最终成果，管理者须细细思量。

一个新员工刚进到公司，开始是积极、向上的，八点上班他七点半就到，晚上下班以后还照样在办公室加班，但当一个新士兵变成一个"兵痞"，他就缺乏活力与激情了。当一匹马从战马变成懒马，变成病马的时候，这个马群一定会出现类似于传染病一般的普遍惰怠与散漫，普遍的不想作为。

比员工疲劳症更可怕的是领袖疲劳症，也就是管理者的疲劳症。领袖是一帮什么人？是一帮永远富于妄想症的冒险家，中国社会最缺乏的是企业家精神，企业家精神中最重要的第一是冒险精神，第二是永不懈怠的持续的冒险精神，也就是说领袖必须像永动机一般地思考和行动。所以，组织的领袖是否能够保持持续的激情与活力，持续的奋斗精神，才是一个组织的关键，但是光有这个关键还不行，还必须点燃起整个组织的全体参与者、追随者们持续的梦想，持续的激情。

1　两熊赛蜜 [J]. 大众标准化，2011(7).

我们把组织的懈怠现象称作"组织黑洞"——类似于宇宙中的"黑洞"——任何接近天体黑洞的物质与能量都会被瞬间吞没掉。所以组织要远离"黑洞",通过强健组织的正能量以战胜"暗能量"。[1]

要摆脱"黑洞",最见效的方法就是制定合理的激励目标。目标就是期望的成果,不管是个人、部门还是整体努力的结果。目标不仅仅为管理决策层指明方向,还可以为员工提供一种衡量实际绩效的标准,目标管理的考核方法能对员工产生巨大的激励作用,目标确定后,它能使员工明确方向看到前景,因而能起到鼓舞人心、振奋精神和激发斗志的作用;而在目标执行的过程中,由于制定目标具有先进性和挑战性,因而有利于激发员工的积极性和创造性;当管理层和员工实现目标后,由于愿望和追求得到满足,员工也看到自己的工作成绩,会从心理上产生一种满足感和自豪感,这样就会激励员工以更大的热情和信心去承担新的任务以达到新的目标,形成良性循环体系。[2]

通常在企业中,对于不同性质的职位会采用不同的薪酬制度,职务所承担企业运营的权重决定了薪酬的差异性,而职位价值则决定了薪酬中比较稳定的部分,也就是俗称的基础工资部分,然而绩效则决定了薪酬中变化的部分。目前大部分企业中薪酬仍在激励机制中占有非常重要的比重,因此,绩效考核不仅为制定薪酬水平提供了标准,同时也是影响激励效果的重要因素。

科学合理的绩效考核,应结合企业的用工机制及运营模式,建立起有效灵活的晋升、奖励等激励机制,并做到公正与公平原则,通过奖励、晋升来激励员工勤奋工作,尽可能地降低其负面影响。绩效考核的最终评估

---

1 田涛. 华为内部教育文章:华为如何把 15 万秀才变成兵. 投资与合作,2013(7).
2 赵国强、杨魏峰,管理心理学 [M]. 开封:河南大学出版社,1995.

结果作为企业员工培训、职位晋升、物质奖励等激励机制强有力的依据。客观、公平、公正的绩效考核的原则是对事不对人，全面公平地评估每一位员工的工作，是对员工努力工作自我价值的实现。因此，企业建立合理、公平、公正的绩效考核体系对于激励机制的完善就显得特别重要。

华为在招收人才方面许以高待遇，一名刚毕业的硕士可以拿到年薪10万元。另外，华为坚持"知识资本化"，员工可以分得自己的股份。

2001年前华为处在高速上升期，华为原薪酬结构中股票发挥了极其有效的激励作用，那段时间的华为有种"1+1+1"的说法，即员工的收入中，工资、奖金、股票分红的收入是相当的。员工凭什么能获得这些？凭借的是他的知识和能力，在华为，"知本"能够转化为"资本"。

任正非的理论是：知识经济时代是知识雇佣资本，知识产权和技术诀窍的价值和支配力超过了资本，资本只有依附于知识，才能保值和增值。

把知识转化为资本，知本主义实现制度是华为的创新。其表现在股权和股金的分配上，股权的分配不是按资本分配，而是按知本分配，即将知识回报的一部分转化为股权，然后通过知本股权获得收益。任正非在其题为《天道酬勤》的演讲稿中谈道："公司创业之初，根本没有资金，是创业者们把自己的工资、奖金投入到公司，每个人只能拿到很微薄的报酬，绝大部分干部、员工长年租住农民房，正是老一代华为人'先生产，后生活'的奉献，才使公司挺过了最困难的岁月，支撑了公司的生存、发展，才有了今天的华为。当年他们用自己的收入购买了公司的内部虚拟股，到今天获得了一些投资收益，这是对他们过去奉献的回报。我们要理解和认同，因为没有他们当时的冒险投入和艰苦奋斗，华为就不可能生存下来。我们感谢过去、现在与公司一同走过来的员工，他们以自己的泪水和汗水奠定了华为今天的基础。更重要的是，他们奠定与传承了公司优秀的奋斗和奉献文化，华为的文化将因此生生不息，代代相传。"

华为的管理顾问、中国人民大学的专家教授们在为华为制定《华为公司基本法》的过程中，对于华为更加注重知识的这种经营管理观念作了进一步的概括和提升，明确地提出了"知本主义"的概念。任正非对此十分赞同，他认为，高科技企业使用知本（或知识资本）的概念很准确，我们就是"以知为本"。中国人民大学的学者对"知本主义"作了详细、清楚的阐述，概括起来，所谓知本主义主要有这几方面的内涵：

1. 认为知识是高科技企业的核心资源和价值创造的主导要素

"知本主义"理念首先是强调知识、知识劳动的特殊地位与作用。在《华为公司基本法》中明确提出："我们认为，劳动、知识、企业家和资本创造了公司的全部财富。""知本主义"理念不但把知识作为企业价值创造要素中的一个独立要素，公开承认知识与资本一样是企业价值的创造源泉，而且把它排在优先于资本的重要位置上，强调"人力资源不断增值的目标优先于财务资本增值的目标"。

要明白，在当今的高科技企业里，人力资本增值主要提的就是员工知识资本的增值。

2. 主张给创造价值的知识劳动以合理的回报

"知本主义"理念承认知识劳动的剩余价值，认为高科技企业中由利润转增的资本不应全部归最初的出资者，而认为知识和资本一样，在价值创造中都做出了贡献，应给予知识劳动者以合理的回报。《华为公司基本法》中第五条就明确指出："努力探索按生产要素分配的内部动力机制。……奉献者定当得到合理的回报。"

3. 主张通过知识资本化来实现知识的价值

理论界和企业界都在积极探索知识价值的有效实现形式。"知本主义"主张通过知识资本化来实现知识的价值。《华为公司基本法》明确提出："用转化为资本这种形式，使劳动、知识以及企业家的管理和风险的积累贡献得到体现和报偿；……知识资本化与适应技术和社会变化的有活力的产权制度，是我们不断探索的方向。"

华为实行全体员工持股制，通过股权和股金的分配来实现知识资本化。正是基于这一理念，华为把机会、人才、技术和产品看成是公司成长的主要牵动力。形成一个以机会牵引人才、人才牵引技术、技术牵引产品、产品牵引更大的机会的良性循环。在这种牵引力的连锁反应中，人才所掌握的知识处于最核心的地位，而资本则被搁置在牵引力之外，从而充分表现了知识至上、以知为本的理念。

2014 年，任正非在接受媒体采访时说道："不是我把自己的股权分给了员工，让自己成不了大富翁。而是这么多员工团结奋斗，让公司成功了，大家一起来分享。这些创造者除了分享工资、奖金、福利，还分享了公司股权。"

"传统经济学中不断讲解，股东对未来长期富有信心，他们不谋求短期利益，这是讲义。真实的情况，股东更谋求短期的收益，这就是西方公司后来落后于华为的原因。华为把股东、创造者绑在一起，形成长远眼光，不忙于套现，形成了战略力量，造就了华为的今天。

"华为公司不仅是要使中国人国际化，华为更应该全球化，让世界优秀人员加入来一起领导华为。如果优秀人才进来，不能分享华为的长远利益，也是不利于华为成长的。这几年，我们试行了 TUP 配股制度，今年将全面推广到外籍骨干员工，所以刚才有信心讲，2018 年华为的销售收入有可能达到 700 亿～800 亿美金。"

其实并不存在一个所谓的"合理的"绩效目标。我们来看一个开餐馆的个体老板：他早上五六点起床卖早点，晚上 10 点多还在卖夜宵，却从来没有人给他设定绩效目标，也没有 PBC。道理谁都知道，因为赚的钱都是他自己的。这说明：绩效管理要有效，根本作用还是激励，激励到位了，目标到底是多少，也就并不重要了。这个餐馆老板，他只要把他的全部资源（店面、人力、食材、手艺、时间等）都充分利用了，满足了最多食客的吃饭需求，有了最大的收入和利润就 OK 了。

所以说，企业管理真正要"有效"，并不仅仅在于绩效管理有多么"科学合理"，而是其背后的激励作用。

设定绩效目标还有必要吗？回答是必要的。设定绩效目标的目的就是：上下级之间明确工作方向和重点，保证战略和目标的一致分解。这个才是绩效目标设定的重点，至于目标值，它只是一个假设的期望，而这个期望是否合理，只有天知道。因为市场环境、政治经济环境、天灾人祸，都不是设定绩效目标的人可控的。正所谓：谋事在人，成事在天。这就从一个侧面解释了公司中高层的绩效目标往往上半年都过去了还没有完成沟通签字，但是这并没有使各部门的工作陷于停滞，比如市场一线的每一个人都知道：市场就是要订货、收入、回款，利润越多越好，越快越好；挣得多，分得多。

第四节　绩效考核的导向作用

这是历史上一个制度建设的著名例证。18 世纪末期，英国政府决定把犯了罪的英国人统统发配到澳洲去。

一些私人船主承包从英国往澳洲大规模地运送犯人的工作。英国政府实行的办法是以上船的犯人数支付船主费用。当时那些运送犯人的船只大多是一些很破旧的货船改装的，船上设备简陋，没有什么医疗药品，更没有医生，船主为了牟取暴利，尽可能地多装人，使船上条件十分恶劣。一旦船只离开了岸，船主按人数拿到了政府的钱，对于这些人能不能远涉重洋活着到达澳洲就不管不问了。有些船主为了降低费用，甚至故意断水断食。3 年以后，英国政府发现：运往澳洲的犯人在船上的死亡率达 12%，其中最严重的一艘船上 424 个犯人死了 158 个，死亡率高达 37%。英国政府费了大笔资金，却没能达到大批移民的目的。

英国政府想了很多办法。每一艘船上都派一名政府官员监督，再派一名医生负责犯人和医疗卫生，同时对犯人在船上的生活标准做了硬性的规定。但是，死亡率不仅没有降下来，有的船上的监督官员和医生竟然也不明不白地死了。原来一些船主为了贪图暴利，贿赂官员，如果官员不同流合污就被扔到大海里喂鱼了。政府支出了监督费用，却照常死人。

政府又采取新办法，把船主都召集起来进行教育培训，教育他们要珍惜生命，要理解去澳洲去开发是为了英国的长远大计，不要把金钱看得比生命还重要。但是情况依然没有好转，死亡率一直居高不下。

一位英国议员认为是那些私人船主钻了制度的空子，而制度的缺陷在于政府给予船主报酬是以上船人数来计算的。他提出从改变制度开始：政府以到澳洲上岸的人数为准计算报酬，不论你在英国上船装多少人，到了澳洲上岸的时候再清点人数支付报酬。

问题迎刃而解。船主主动请医生跟船，在船上准备药品，改善生活，尽可能地让每一个上船的人都健康地到达澳洲。一个人就意味着一份收入。

自从实行上岸计数的办法以后，船上的死亡率降到了1%以下。有些运载几百人的船只经过几个月的航行竟然没有一个人死亡。

这个故事告诉我们：绩效考核的导向作用很重要，企业的绩效导向决定了员工的行为方式，如果企业认为绩效考核是惩罚员工的工具，那么员工的行为就是避免犯错，而忽视创造性，忽视创造性，就不能给企业带来战略性增长，那么企业的目标就无法达成；如果企业的绩效导向是组织目标的达成，那么员工的行为就趋于与组织目标保持一致，分解组织目标，理解上级意图，并制定切实可行的计划，与上级达成绩效合作伙伴，在上级的帮助下，不断改善，最终支持组织目标的达成。

以前华为为了生存，制定了以销售为导向的考核要素，待遇向一线倾斜的精神，导致有能力的人不到策划部来，策划部也留不住有能力的人。

为了解决这种状况，任正非强调均衡发展。任正非在其《华为的冬天》一文中这样写道："要坚持均衡发展，不断地强化以流程型和时效型为主导的管理体系的建设，在符合公司整体核心竞争力提升的条件下，不断优化你的工作，提高贡献率。为什么要解决短木板呢？公司从上到下都重视研发、营销，但不重视理货系统、中央收发系统、出纳系统、订单系统等很多系统，这些不被重视的系统就是短木板，前面干得再好，后面发不出货，还是等于没干。因此全公司一定要建立起统一的价值评价体系，统一的考评体系，才能使人员在内部流动和平衡成为可能。比如，有人说我搞研发创新很厉害，但创新的价值如何体现，创新必须通过转化成商品，才能产生价值。因此要建立起一个均衡的考核体系，才能使全公司短木板变成长木板，桶装水才会更多。"

第五节　绩效考核的目标设定

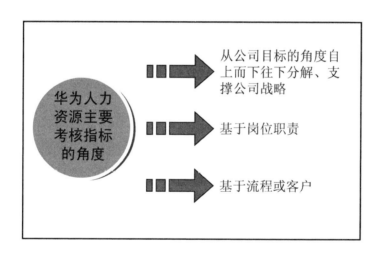

企业每次进行绩效考核的时候似乎都会鸡犬不宁：员工因为担心考核结果对薪酬和职位升迁的影响而忐忑不安；直线经理们因为碍于情面，而对强制分布、末位淘汰犹豫不决；人力资源部的工作人员们忙忙碌碌发放表格、回收、统计，但是考核中的水分却无法有效控制，员工对考核结果的异议也多数是冲着人力资源部。如何让员工对考核结果心服口服，真正

达到通过绩效考核达到绩效改进的目的呢？考核过程的公平、考核主体的公正、考核反馈的及时，并不能完全满足员工对绩效考核的满意度，实现绩效考核的目的，究其原因，问题很可能就出在绩效考核的起点——绩效目标的设定上。

话说，唐僧团队乘坐飞机去旅游，途中，飞机出现故障，需要跳伞，不巧的是，四个人只有三把降落伞，为了做到公平，师傅唐僧对徒弟们进行了考核，考核过关就可以得到一把降落伞，考核失败，就自由落体，自己跳下去。

于是，师傅问孙悟空："悟空，天上有几个太阳？"悟空不假思索地答道："一个。"师傅说："好，答对了，给你一把伞。"接着又问沙僧："天上有几个月亮？"沙僧答道："一个。"师傅说："好，也对了，给你一把伞。"八戒一看，心里暗喜："啊哈，这么简单，我也行。"于是，摩拳擦掌，等待师傅出题，师傅的题目出来，八戒却跳下去了，大家知道为什么吗？师傅问的问题是"天上有多少星星"？八戒当时就傻掉了，直接就跳下去了。这是第一次旅游。

过了些日子，师徒四人又乘坐飞机旅游，结果途中，飞机又出现了故障，同样只有三把伞，师傅如法炮制，再次出题考大家，先问悟空："中华人民共和国是哪一年成立的？"悟空答道："1949 年 10 月 1 日。"师傅说："好，给你一把伞。"又问沙僧，"中国的人口有多少亿？"沙僧说是 13 亿，师傅说，"好的，答对了。"沙僧也得到了一把伞，轮到八戒，师傅的问题是，13 亿人口的名字分别叫什么？八戒当时晕倒，又一次以自由落体结束旅行。

第三次旅游的时候，飞机再一次出现故障，这时候八戒说："师傅，你别问了，我跳。"然后纵身一跳，师傅双手合十，说："阿弥陀佛，殊不知这次有四把伞。"

　　这个故事说明绩效考核指标值的设定要在员工的能力范围之内，员工跳一跳可以够得着，如果员工一直跳，却永远也够不着，那么员工的信心就丧失了，考核指标也就失去了本来的意义。

　　很多企业在设定考核指标的时候，喜欢用高指标值强压员工，这个设计的假设是如果指标值设定得不够高的话，员工就没有足够的动力；另外，用一个很高的指标值考核员工，即便员工没有完成100%，而只是完成了80%，也已经远远超出企业的期望了。这种逻辑是强盗逻辑，表现出了管理者的无能和无助，只知道用高指标值强压员工，殊不知，指标背后的行动计划才是真正帮助员工达成目标的手段，而非指标值本身。其实，设定一个员工经过努力可以达到的指标值，然后，帮助员工制订达成目标的行动计划，并帮助员工去实现，才是管理者的价值所在，管理者做到了这一点，才是实现了帮助员工成长的目标，才真正体现了管理者的价值！

　　目标设定理论提出，目标是一个人试图完成的行动的目的。目标是引起行为的最直接的动机，设置合适的目标会使人产生想达到该目标的成就需要，因而对人具有强烈的激励作用。重视并尽可能设置合适的目标是激发动机的重要过程。

　　目标设置理论 (Lock & Latham，1990) 对于目标的设置有这样的建议：

　　（1）目标要有一定难度，但又要在能力所及的范围之内。

　　（2）目标要具体明确（例如，对于写一篇文章来说，完成70%要比仅仅试着做做要好得多）。

　　（3）必须全力以赴，努力达成目标。如果将你的目标告诉一两个亲近的朋友，那么，就会有助于你坚守诺言。

（4）短期或中期目标要比长期目标可能更有效。比如，下一星期学完某一章节，可能比两年内拿一个学位的目标好很多。

（5）要有定期反馈，或者说，需要了解自己向着预定目标前进了多少。

（6）应当对目标达成给予奖励，用它作为将来设定更高目标的基础。

（7）在实现目标的过程中，对任何失败的原因都要抱现实的态度。人们有将失败归因于外部因素（如运气不好），而不是内部因素（如没有努力工作）的倾向。只有诚实对待自己，将来成功的机会才能显著提高。

刚到华为时，作为人力资源部负责招聘工作的孙维（化名）并没有体验过一次真正的绩效考核。当时的华为对于孙维这样的人，只关注其有没有及时填补公司的岗位空缺，招聘成功率及新聘员工的离职率等考核指标基本不会出现在孙维的工作范围之内，定性的考核指标让孙维对考核结果几乎漠不关心。

看似对孙维有利的"糊涂工作状态"却遭到了孙维的抱怨："我与同事的上升空间和年终奖励好像更多的是依照上司的心情而定。"孙维渴望也能像业务部门一样在年终时拿到一张清晰的绩效考核单。

华为在懵懂中摸索着自我改变，这让孙维的愿望变成了现实。

事情微妙地发生了变化，2001 年前后，孙维发现，工作指标越来越细化了，任务书里开始有一些对工作任务的清晰描述。

2006 年 3 月，孙维拿到的主要考核指标有三项：一是满足公司某研发部门新产品研发人手不足的需求；二是完成人力资源管理工作；三是完成对某销售部门新进员工的入职培训。

可以看出，这三个指标是从不同角度为孙维设置的。第一个指标是从公司目标的角度自上而下往下分解、支撑公司战略。为了协助公司新业务的发展，人力资源部必须提供人员数量、质量支持，对 HR 考核的是招聘率的对应，人员是否按时到位？新聘员工素质是否符合业务需求？新聘员工会否在短时间内离职？这些成为考核孙维的关键指标。

第二个指标基于岗位职责，职能部门岗位工作的一大特点是与战略结合不是非常紧密，但每个岗位还是有其突出贡献表现方式的，这些表现方式就可作为一个关键指标来考核。孙维说，作为人力资源经理，他的日常工作是保证部门的正常运行。"这里面会细分出很多量化的指标来，包括公司人力资源信息的定时上报、人力资源管理成本削减多少，等等。"

第三个指标基于流程或客户，职能部门是保证生产销售部门服务质量的，与这些业务部门组成完整的流程，如果某部门提供的服务质量没有跟上，可能就会造成业务部门的滞后。"如果没能及时完成对新进员工的入职培训，肯定会影响销售部门在 4 月份的市场销售业绩。"孙维说。

目前，在华为考核职能部门的关键业绩指标，一般是按这三个方向来确定。[1]

---

1 华为的绩效考核秘诀你知道么 [A]. 总裁学习网，2013(6).

第六节　绩效考核的指标设定

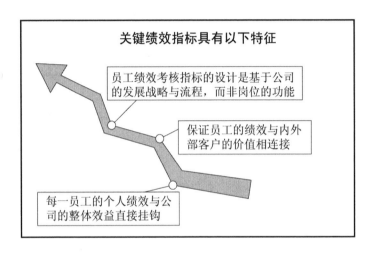

关键绩效指标具有以下特征

员工绩效考核指标的设计是基于公司的发展战略与流程，而非岗位的功能

保证员工的绩效与内外部客户的价值相连接

每一员工的个人绩效与公司的整体效益直接挂钩

在推动企业有效经营并持续提升企业竞争力方面，绩效考核与绩效管理无疑能够发挥十分重要的促进作用。正如世界第一经理人、通用电气(GE)前CEO杰克·韦尔奇所说的："如果说，在我奉行的价值观里，要找出一个真正(对企业经营成功)有推动力的，那就是有鉴别力的(绩效)考评(即绩效考核)。"杰克·韦尔奇自喻自己是一个区别考评(绩效考核)制度的狂热支持者，因为他曾亲眼看见，绩效考核把一些公司从默默无闻提升到卓越的层次。为此，杰克·韦尔奇将实施绩效考核列为企业经理人必须履行的任务，他提出：他们(职业经理人)要清楚地辨别出，哪些员工或哪些业务取得了出色的成绩，哪些表现最差；他们要扶持强者的成长，把缺乏效率的部分剔除出去，只有这样，公司才能争取赢的结局。反之，如果对每

一项工作和每一位员工都不做区分，像天女散花一样随意分配企业的资源，则只能让公司遭受损失。[1]

　　当然与员工绩效相关的要素是多样的，绩效考核并不是要对所有的绩效要素做出全面的评价，有些要素只能通过其他价值评价体系（如素质评价，任职资格评价等）来完成。在此适用的原则是：在把握绩效考核的基本理念前提下，缺什么，就考什么；想得到什么，就考什么；考什么，就能得到什么。而关键绩效指标就是实施这一原则的成功思路。

　　关键绩效指标（KPI）是对公司及组织运作过程中关键成功要素的提炼和归纳。因此，关键绩效指标具有以下特征：

　　（1）将员工的工作与公司远景、战略与部门相连接，层层分解，层层支持，使每一员工的个人绩效与部门绩效、与公司的整体效益直接挂钩。

　　（2）保证员工的绩效与内外部客户的价值相连接，共同为实现客户的价值服务。

　　（3）员工绩效考核指标的设计是基于公司的发展战略与流程，而非岗位的功能。

　　所以，关键绩效指标与一般绩效指标相比，把个人和部门的目标与公司整个的成败联系起来，就更具有长远的战略意义。因为关键绩效指标体系集中测量我们需要的行为，而且，由于其简单明了、少而精，就变得可控与可管理。对于员工而言，关键绩效指标体系使得员工按照绩效的测量标准和奖励标准去做，真正发挥绩效考核指标的牵引和导向作用。[2]

　　KPI 法符合一个重要的管理原理——"二八定律"。在一个企业的价值创造过程中，存在着"80/20"的规律，即 20% 的骨干人员创造企业 80%

1　（美）杰克·韦尔奇.余江，等，译.赢 [M].中信出版社，2005.
2　陈方.关注：核心—关键绩效指标的确立 [A].全球品牌网，2009.

的价值；而且在每一位员工身上"二八定律"同样适用，即80%的工作任务是由20%的关键行为完成的。因此，必须抓住20%的关键行为，对之进行分析和衡量，这样就能抓住业绩评价的重心。

从组织结构的角度来看，KPI系统是一个纵向的指标体系：先确定公司层面关注的KPI，再确定部门乃至个人要承担的KPI，由于KPI体系是经过层层分解，这样，就在指标体系上把战略落到"人"了。而要把战略具体落实，需要"显性化"，要对每个层面的KPI进行赋值，形成一个相对应的纵向的目标体系。所以，在落实战略时有"两条线"：一条是指标体系，是工具；另一条是目标体系，利用指标工具得到。

绩效管理，原则上是由上对下进行。所以在考核环节，基本上是华为的管理层对下属做考核，下属给予反馈，结合双向沟通。获得考核结果后，管理者还要将其及时与激励制度和能力发展计划挂钩才能发挥作用。

华为员工的绩效加薪、浮动薪酬也都以此为依据。

绩效考核分为A、B、C三个档次，每年每个档次的总绩效奖金差别在5000元以上。

绩效考核按照员工比例来固定分配，A档次一般占员工总数的5%左右，B档次占45%，C档次占45%，还有5%的员工将被视作最后一档，还有可能是将要被淘汰的那一部分。

如果连续几个月获得C或者待查的员工，不仅拿不到奖金，也意味着被内部调岗或者降薪，对于员工来说，被调动到工资低的岗位或者降低工资，收入损失都不小。

这样做最大的好处就是增加了企业决策的透明度，让员工对自己过去一年的成绩有一个清晰的认识，优势和短处都在绩效考核的结果中一目了然，对今后的一年也能有个明确的目标；同时，培训部门从中也能够获得比较准确的信息，分析出员工绩效不理想或欠缺所在，总结并制定出优先的培训需求；在后备干部队伍选拔方面，也可以从绩效记录中获得很强的支持，因为一个员工连续几年的绩效表现通常预示着其在未来的潜力发展方向。如果每年的绩效考评结果都存在很大的反差，那么说明该员工很不稳定，应该对其多加压力，培养起其良好的心理承受能力和处事的风格。

考核员工的绩效，往往是领导根据员工是否按质按量地完成工作。而能够按质按量地完成工作，就意味着员工必须加班，才能跟上华为的快节奏，不至于自己成为整个工程环节的拖后腿者。

对于不同部分，华为都有相应的一套考评标准，这些标准经过长期依赖的规范化和系统化，变得可操作性特别强，而且考核过程也是全面的、系统的。

例如在对营销人员绩效进行考核时，考核人员要求营销人员首先要提交考核申请，考评员再分两次对申请人进行考核。第一次考核主要是考核对象与考评人的沟通，这次考评人主要是考核对象的直接上级。与上级的沟通主要表现在：共同确定工作计划，勤于请教上级和自我评价。第二次考核主要是对第一次考核的审核，审查上次考核是否符合规范、可信度等。两次考核结束后，考核人员最后还要接受市场干部的监督与认证。

目前，华为采用的是季度考核、年度总评的方式。工作业绩考核主要围绕季度工作目标与目标完成情况，根据考核标准进行等级评定。任职资格主要围绕行为标准，通过证据对申请人达标与否进行认证。

日报、周报、月报、季报和与之相适应的阶段性考核，保证了主业的不断增长和员工"阶段性成就欲望不断得到满足"。因为任正非相信：如果华为有一天停止了快速增长，就会面临死亡。只要主业还充满活力，团队就有强凝聚力，员工就会拼命而乐此不疲。

完善的制度、严格的考核保证华为制度化用人战略的实施，为华为打造营销铁军提供了制度保障。

《华为公司基本法》中规定"员工和干部的考评，是按明确的目标和要求，对每个员工和干部的工作绩效、工作态度与工作能力的一种例行性的考核与评价。工作绩效的考评侧重在绩效的改进上，宜细不宜粗；工作态度和工作能力的考评侧重在长期表现上，宜粗不宜细。考评结果要建立记录，考评要素随公司不同时期的成长要求应有所侧重。在各层上下级主管之间要建立定期述职制度。各级主管与下属之间都必须实现良好的沟通，以加强相互的理解和信任。沟通将列入对各级主管的考评"。并以此作为华为公司的基本考核方式。

华为公司的绩效管理强调以责任结果为价值导向，力图建立一种自我激励、自我管理、自我约束的机制。通过管理者与员工之间持续不断地设立目标、辅导、评价、反馈，实现绩效改进和员工能力的提升。

通过对考核结果的评定和处理，员工和公司都可以从中发现很多问题和今后努力的方向，这样也能让员工更有驱动力来完成公司的目标。

华为研发部门的考核内容通过关键绩效指标和员工能力素质要求来确定，见下表。考核方式由关键绩效指标评估与岗位能力素质要求评估组成，其中关键绩效指标评估结果占60%，员工个人能力素质评估结果占40%。研发部门的考核结果与相应系数对应，对部门内部员工的业绩有直接影响。如表9-1所示。

表 9-1

研发部关键绩效指标设定评估表（占 60%）					
部门		被考核者		岗位	
考核者		考核时间		最终得分	
指标类别	考核指标	指标说明	分值权重	评分	
				自评	上级评分
财务绩效	部门预算费用执行情况	本部门实际发生的费用及与预算的差距	5		
客户满意	部门协作满意度	与各职能部门间的协作、配合程度	10		
	生产管理项目满意度	提供的与生产管理相关的服务是否全面	10		
内部管理	新产品研发	一定周期内完成的研发成果总额	5		
	新产品研发计划达成率	实际研发完成量 / 计划完成量	10		
	设计方案提交及时率	实际提交额 / 计划提交额	10		
内部管理	新产品开发成功率	研发成功额 / 总研发项目额	10		
	新生产工艺流程改进	对新生产工艺流程进行检查、完善程度	10		
	事故处理的及时性	研发事故是否得到了有效的处理	15		
员工成长与创新	部门员工流动率	员工离职、调动率	5		
	人均培训时间	本期员工实际培训时间之和与部门员工人数比例	5		
	培训反馈满意度	员工对员工培养的投入、实际效果和员工对本部门各项工作的满意程度	5		
合计			100		

续上表

参考评分方法：①满分为5分的指标项目，优秀5分，良好4分，一般3分，较差1分，差0分； ②满分为10分的指标项目，优秀10分，良好8~9分，一般5~7分，较差2~4分，差0~1分； ③总分达到90~100分为优秀，80~90分以上为良好，60~80分以上为合格，60分以下为不合格。

岗位能力素质要求评估（占40%）

被考核者		考核者		最终评分	
项目及考核内容			分值权重	评分	
				自评	上级评分
工作能力20%	理解力极强，在工作改善方面，常有创意性报告并被采纳		20		
	理解力强，优势在作业方法上有改进		15~19		
	理解判断力一般，偶尔有改进建议，能完成任务		10~14		
	理解较迟钝，工作技能无改善，勉强能完成任务		10以下		
工作任务30%	能保质保量，提前完成任务		30		
	能保质保量，按时完成任务		25~29		
	在监督下能完成任务		15~25		
	在指导下，偶尔不能完成任务		15以下		
工作态度20%	任劳任怨，竭尽所能完成任务		20		
	工作努力、主动，能较好完成分内工作		15~19		
	交付工作需要督促方能完成		10~14		
	敷衍了事，无责任心，做事粗心大意		10以下		
工作协调10%	与人协调融洽，为工作顺利完成尽最大努力		10		
	爱护团体，常协助别人		8~9		
	肯应他人要求帮助别人		5~7		
	精神散漫，不肯与别人合作		5以下		

续上表

纪律性 10%	自觉遵守和维护公司各项规章制度	10		
	能遵守公司规章制度，但需要有人督导	8~9		
	纪律性观念不强，偶尔违反公司规章制度	5~7		
	经常违反公司制度，被指正时态度傲慢	5以下		
成本意识 10%	成本意识强烈，能积极节省，避免浪费	10		
	具备成本意识，并能节约	8~9		
	有成本意识，稍有浪费	5~7		
	无成本意识，经常浪费	5以下		
合计		100		

参考评分方法：
①满分为5分的指标项目，优秀5分，良好4分，一般3分，较差1分，差0分；
②满分为10分的指标项目，优秀10分，良好8~9分，一般5~7分，较差2~4分，差0分；
③总分达到90~100分为优秀，80~90分以上为良好，60~80分以上为合格，60分以下为不合格。

总计	总关键绩效指标设定评估×60%+岗位能力素质要求评估×40%	
备注：		评分确认签字：

考核者评语：

签名： 日期：

采购员的绩效考核指标

华为将采购员工作绩效的考核指标定量划分为时间绩效、效率绩效、质量绩效、数量绩效、价格绩效五大部分；将工作能力的考核指标定量划分为专业知识、专业技能、沟通能力、创新能力等十大部分。

采购员的绩效考核方法

采购员绩效考核采用量化指标：工作绩效和工作能力相结合来进行，工作绩效指标占考核的 60%，工作能力指标考核占 40%。两次考核的总和即为采购员的绩效考核结果。采购员绩效考核计算方式如下：

采购员绩效考核分数 = 工作绩效 ×60%+ 工作能力 ×40%

如表 9-2 所示。

表 9-2 采购员的绩效考核表

员工姓名：	工作部门：	考核者：	评价日期：		
第一部分：工作绩效					
项目	考核指标	评分标准		权重	评分
时间绩效	采购及时性	没有按采购计划进度完成物资采购，根据延误时间，扣 2 ~ 4 分 / 次		15	
	物资入库及时性	没有及时通知质检人员验收采购物料使得货物未及时入库，扣 1 分 / 次			
	货运及时性	提货、发货与退货工作延误，扣 1 分 / 次			
	发票取得准时性	未在规定时间取得分管采购物料发票并传递到财务部，扣 1 分 / 次，发票应附的附件或原件不齐扣 3 分 / 份			
	紧急采购	由于个人过失产生紧急费用，扣 2 分 / 次			
	报价及时性	没有在规定时间内报价给业务人员，扣 1 分 / 次			

续上表

质量绩效	材料合格率	采购材料合格率比标准差 4% 扣 2 分 / 次	30	
	退货次数	由于采购材料问题而造成产品被退，扣 2 分 / 次		
数量绩效	材料数量	若采购回的分管物料发生数量差异，造成资源浪费或短缺，根据差异大小扣 3 ~ 6 分 / 次	10	
效率绩效	提交采购资金计划报表	采购资金的计划报表提交出错误，扣 2 分 / 次	20	
	采购单据与账台	混淆采购物料的相关单据与物料采购台账，造成账单不对号，扣 2 分 / 次		
	客户投诉	由于材料问题被客户投诉，扣 2 分 / 次		
	订单处理时间	超过规定处理时间，扣 1 分 / 次		
	供应商数量	成功开发供应商数量，加 3 分 / 个		
价格绩效	采购金额	少于规定金额完成采购，加 2 分 / 次；但入库金额高于采购金额，扣 2 分 / 次	25	
	市场差额	比较市场价格和采购价格的差额（每次上升 3% 扣 1 分，每降 3% 奖 1 分）		
	采购收益率	采购盈利 3%，加 1 分 / 次，亏 3%，扣 1 分 / 次		
合计	注：工作绩效总分为 100 分，占采购员绩效考核分数的 60%		100 分	
第二部分：工作能力				
专业知识	胜任采购工作相关的基础知识、专业知识、理论水平		10	
专业技能	完成采购工作所需技术、技巧、业务熟练程度、经验		10	
创新能力	在工作中，能够应用相关理论，展开调查研究，提出新方案		10	
理解、判断力	能准确领会领导意图，能及时、正确地运用知识、经验，根据有关情况，分析问题、判断原因		10	
沟通能力	为顺利完成采购，随机应变处理各种冲突；在尊重供应商的前提下，阐明自己的主张，并使供应商理解，巧妙地使人采纳或认可		10	
学习与发展能力	热爱采购工作，具有明晰的发展目标，不断进取，努力学习业务技术知识和相关技能		10	
公司认可度	对企业文化、企业理念、组织管理、领导风格等组织行为的认同、参与、拥护及热爱程度		10	

续上表

积极性和责任感	无需具体命令和批示，都能保持明确的工作目标和旺盛的工作热情，不拿工作做筹码与公司和领导斤斤计较和消极怠工	10	
协作性	团队意识强，服从工作安排，为群体的合作精神做贡献，无独行独往、自作主张和为私利排斥公司行为的情况	10	
纪律性	采购员能自觉遵守和维护公司制度，在制度下完成相应的采购任务	10	
合计	注：工作能力总分为100分，占采购员绩效考核分数的40%	100分	
总计	综合得分 =（工作绩效得分 ×60%+ 工作能力得分 ×40%）		
第三部分：综合评价			
任职资格确认或建议：□胜任　□基本胜任　□不能胜任，建议换岗　□其他			
考核者评语（良好，不足的方面，建议）： 　　　　　　　　　　　　　　　　　部门领导 　　　　　　　　　　　　　　　　　年　月　日			

第七节　考核机制倒过来

1985 年，通用时任总裁韦尔奇开始了被经济学家熊彼德称为"创造性毁灭"的改革，他将 GE 的管理层级从 29 个层级减少到 6 个层级。当韦尔奇完成这项改革之后，整个 GE 公司看起来就像是平放在地上的车轮。最高管理层在中央，其余的管理层向周围放射，就像是车轮的轮轴。这样一来，公司内部的信息流通变得异常迅速。韦尔奇说道："在 20 世纪 80 年代，我们去除了一层又一层的管理阶层，我们推倒了一层又一层瓜分财富的墙壁。我们不断裁减员工——那些专挑毛病的人、乱出主意的人。这样做过之后，我们发现那些获得了发展空间的人们能够获得足够的信任作出属于自己的决定，而当他们为自己的决定工作时，他们更加努力了。"

韦尔奇强调："我们也着手裁撤了公司总部的员工。在美国公司中，总部往往成为公司毁灭的因素，它可能扼杀、窒息、阻碍公司的发展，增加不安全的因素。如果你想简化你的前线，那么你就不能在后方保留大批人员，这些人是你所不需要的：问个不休者、监督人员、阻碍程序进行的吹毛求疵者、以事后议论为本职和多管闲事者以及阻碍公司内部沟通者。如今，公司总部的人员是一批精通税制财务或其他关键领域的专家，他们能够更有效地帮助前线的人们。我们的公司员工不再只是制造麻烦或带来问题，他们彼此合作。这是思想态度上的转变：人们主要对公司业绩负责，而不是别的什么。"

韦尔奇所做的就是治疗"大企业病"的治疗方法，用任正非的话来说，就是"让听得见炮声的人来决策"。

2008年年底之前，一提到一线的IT系统，华为人就摇头叹息。以前华为业务对IT的需求都是基于机关职能部门视角，IT方案也都是按照业务块设计，有些甚至就是业务部门IT人员自己设计并开发的。当华为逐渐向流程化、职业化转变时，业务部门越来越感觉到IT系统全流程不通，业务数据在各个IT系统中条块分割，跨过太平洋就很难通过IT系统有效调动公司资源了。典型的例子就是一个客户合同或PO（订单的意思，英文全称是"purchase order"），从录入IT系统到履行完毕并开出发票，全流程流经十几个IT系统，而且不可跟踪，必须靠很多人去上下游核对，既浪费人力，又无法保证准确，效率异常低下。

2009年1月，任正非在销服体系奋斗颁奖大会上谈道："我们从以技术为中心，向以客户为中心的转移过程中，如何调整好组织，始终是一个很难的题目。刚开始我的认识也是有局限性的。我在EMT（经营管理团队）会上讲了话，要缩短流程，提高效率，减少协调，使公司实现有效增长，以及现金流的自我循环。但提出的措施，确实有一些问题，单纯地强调精简机关，压缩人员，简化流程，遭遇一部分EMT成员的反对。

"他们认为机关干部和员工压到一线后，会增加一线的负担，增加了成本，并帮不了什么忙。机关干部下去以总部自居，反而干预了正常的基层工作。后来我听取一些中层干部的反映，他们认为组织流程变革要倒着来，从一线往回梳理，平台（支撑部门和管理部门，包括片区、地区部及代表处的支撑和管理部门）只是为了满足前线作战部队的需要而设置的，并不是越多越好、越大越好、越全越好。要减少平台部门，减轻协调量，精简平台人员，自然效率就会提高。这样EMT决议还未出笼就被反了一个方向。

但如何去实现这一点呢？问题仍然摆在前面。"

"谁来呼唤炮火，应该让听得见炮声的人来决策。而现在我们恰好是反过来的。机关不了解前线，但拥有太多的权力与资源，为了控制运营的风险，自然而然地设置了许多流程控制点，而且不愿意授权。过多的流程控制点，会降低运行效率，增加运作成本，滋生了官僚主义及教条主义。"

"当然，因内控需要而设置合理的流程控制点是必需的。去年（2008年）公司提出将指挥所（执行及部分决策）放到听得到炮响的地方去，已经有了变化，计划预算开始以地区部、产品线为基础，已经迈出可喜的一步，但还不够。"

北非地区部给华为提供了一条思路，就是把决策权根据授权规则授给一线团队，后方起保障作用。这样华为的流程优化的方法就和过去不同了，流程梳理和优化要倒过来做，就是以需求确定目的，以目的驱使保证，一切为前线着想，就会共同努力地控制有效流程点的设置，从而精简不必要的流程，精简不必要的人员，提高运行效率，为生存下去打好基础。

"用一个形象的术语来描述，我们过去的组织和运作机制是'推'的机制，现在我们要将其逐步转换到'拉'的机制上去，或者说，是'推'、'拉'结合，以'拉'为主的机制。推的时候，是中央权威的强大发动机在推，一些无用的流程，不出功的岗位，是看不清的。拉的时候，看到哪一根绳子不受力，就将它剪去，连在这根绳子上的部门及人员，一并减去，组织效率就会有较大的提高。我们进一步的改革，就是前端组织的技能要变成全能的，但并非意味着组织要去设各种功能的部门。"

任正非表示，基层作战单元在授权范围内，有权力直接呼唤炮火（指在项目管理上，依据 IBM 的顾问提供的条款、签约、价格三个授权文件，以毛利及现金流进行授权，在授权范围内直接指挥炮火，超越授权要按程序审批）。

"当然炮火也是有成本的，谁呼唤了炮火，谁就要承担呼唤的责任和炮火的成本。后方变成系统支持力量，必须及时、有效地提供支持与服务，以及分析监控。公司机关不要轻言总部，机关不代表总部，更不代表公司，机关是后方，必须对前方支持与服务，不能颐指气使。"

"让听得见炮声的人来决策"和中国独有的军事原则与军事思想——"将在外，君命有所不受"的思想是一样的。君命有所不受，还原为现代汉语的句式则是："即使国君有命令传达到，假如在可行性上有疑问，也不能执行它。"

"以美军在阿富汗的特种部队来举例。以前前线的连长指挥不了炮兵，要报告师部请求支援，师部下命令炮兵才开炸。现在系统的支持力量超强，前端功能全面，授权明确，特种战士一个通信呼叫，飞机就开炸，炮兵就开打。前线 3 人一组，包括一名信息情报专家、一名火力炸弹专家、一名战斗专家。他们互相了解一点对方的领域，紧急救援、包扎等都经过训练。当发现目标后，信息专家利用先进的卫星工具等确定敌人的集群、目标、方向、装备……炸弹专家配置炸弹、火力，计算出必要的作战方式，其按授权许可度，用通信呼唤炮火，完全消灭了敌人。美军作战小组的授权是以作战规模来定位的，例如：5000 万美元，在授权范围内，后方根据前方命令就及时提供炮火支援。我们公司将以毛利、现金流对基层作战单元授权，在授权范围内，甚至不需要代表处批准就可以执行。军队是消灭敌人，我们就是获取利润。铁三角对准的是客户，目的是利润。铁三角的目的是实现利润，否则所有这些管理活动是没有主心骨、没有灵魂的。当然，不同的地方、不同的时间，授权是需要定期维护的，但授权管理的程序与规则，是不轻易变化的。"

在 2012 年，华为尝试着将考核机制倒过来，由一线呼唤炮火，按成功来获取利益和分享利益，而不是从上到下按结构来授予利益；在 2013 年，华为进一步简化管理，敢于让优秀的干部和团队担负更大的责任，为他们提供更多的机会，让他们挣到更多的报酬，同时华为将继续降低内部运作费用率，努力将运营效率再提升。

第八节　最重要的环节：绩效反馈

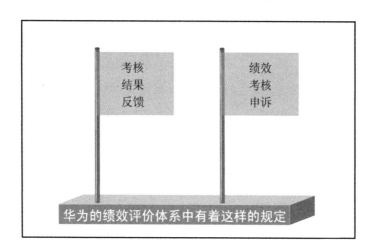

绩效反馈是绩效管理过程中的一个重要环节。它主要通过考核者与被考核者之间的沟通，就被考核者在考核周期内的绩效情况进行面谈，在肯定成绩的同时，找出工作中的不足并加以改进。绩效反馈的目的是为了让员工了解自己在本绩效周期内的业绩是否达到所定的目标，行为态度是否合格，让管理者和员工双方达成对评估结果一致的看法；双方共同探讨绩效未合格的原因所在并制订绩效改进计划，同时，管理者要向员工传达组织的期望，双方对绩效周期的目标进行探讨，最终形成一个绩效合约。由于绩效反馈在绩效考核结束后实施，而且是考核者和被考核者之间的直接对话，因此，有效的绩效反馈对绩效管理起着至关重要的作用。

不管考核期限有多长，管理者对下属的反馈应该是每天都在进行，时时都在进行。这种反馈必须是长期不间断的行为。

通常，绩效反馈有两种方式：团队反馈与一对一反馈。

团队反馈，是指一个人给大家反馈。一对一反馈，则是一个人给另一个人进行反馈，这种反馈比较难。在工作中，管理者最怵的就是正视对方的眼睛，告诉对方，你干得真好，我真为你骄傲；或者看着对方的眼睛说，你这事做得真让我感到失望。

绩效反馈的特征可以总结为以下几点：

第一，要描述，不要判断；

第二，要侧重表现，不要攻击性格；

第三，要有特指。

绩效反馈是绩效考核的最后一步，是由员工和管理人员一起，回顾和讨论考评的结果，如果不将考核结果反馈给被考评的员工，考核将失去极为重要的激励、奖惩和培训的功能。因此，有效的绩效反馈对绩效管理起着至关重要的作用。

心理学家发现，反馈是使人产生优秀表现的条件之一。

缺乏具体、频繁的反馈是绩效不佳的最普遍原因之一。

管理者针对员工的错误行为进行反馈的目的，就是通过让员工了解自身存在的问题而引导其纠正错误。通过建设性的批评对错误的行为进行反馈。

管理者在进行正面反馈时应遵循四点原则：

（1）用正面的肯定来认同员工的进步；

（2）要明确地指出受称赞的行为；

（3）当员工的行为有所进步时应给予及时的反馈；

（4）正面的反馈中应包含这种行为对团队、部门乃至整个组织的整体效益。

许多企业在操作绩效管理的时候并没有严格按照操作规程来做，在实施之前没有进行科学有效的规划，对于为什么要实施绩效管理，实施绩效管理对企业、经理和员工的好处等内容，企业没有交代清楚。不但员工没有弄明白，就连对绩效管理的实施负有执行责任的直线经理也一知半解，直接导致了经理和员工沟通的障碍，经理和员工不能有效地就绩效管理的方方面面做有效的沟通。使得绩效管理蜕变为形式主义，企业花费了大量的时间和精力，最后却做了无用功，没有任何效果可言。

由于上级和下属之间没有就绩效管理的诸多问题进行沟通，在考评之前，上级没有与下属沟通绩效目标，下属并不清楚自己应该怎样做，也不知道将要对自己做哪些方面的考核，对考核方法、考核程序等关键问题一概不知。

鉴于这种情况，上级无法对自己所做的绩效评价给出有说服性的解释，所以他们害怕与下属沟通绩效，害怕面对愤怒的下属，不愿意因为绩效问题制造矛盾，与下属站到对立面。所以对于绩效反馈，他们往往采取回避的态度，能不反馈则不反馈。

但是，绩效反馈是上级的职责所在，上级有义务将下属的绩效考评结果告知，对自己所做的绩效评价给出合理的解释。否则，下属肯定不答应。也许下属不会直面冲突，不会冲到上级的办公室与上级争论，但他们一定会在心里琢磨，一定会有情绪，试想，一群带着情绪工作的员工，其工作效率会有多高？

不反馈的结果只能制造更多的麻烦，使你与员工之间的隔阂会越来越深。

所以，为了还员工一个明白，也为了更好地帮助员工正确认识自己，直线上级必须组织有效的绩效反馈，将员工真实的情况反馈给员工，以消除员工心中的疑虑，更加心情舒畅地做好工作。

同时，将员工的绩效反馈给员工，上级可以更多地倾听员工的想法，与员工一起为未来的工作做更好的打算。这对双方都有益处，绩效反馈做好了，可以创造一个上级和员工双赢局面，促进上级和员工之间合作，为以后工作的顺利开展打下坚实的基础。[1]

华为的绩效评价体系中有着这样的规定：

1. 考核结果反馈

考核者应向被考核者反馈考核结果。如果被考核者不同意考核结果，应先行沟通，也可按下列规定进行逐级申诉。

2. 绩效考核申诉

①被考核者如对考核结果存有异议，应首先通过沟通方式解决。解决不了时，被考核者有权直接向上级主管申诉；如果被考核者对直接上级主管的处理结果仍有异议，可以向人力资源部提出申诉。②人力资源部接到

1　浅析绩效考核结束之后的工作内容 [J]. 时代光华，2013(9).

被考核者的申诉后，通过调查和协调，在 15 日内告知申诉处理结果。③员工如对处理结果仍不满意，可向总经理申诉。

绩效反馈阶段是考核者和被考核者双方都比较紧张的时期。华为经过充分准备后，就考核结果向员工进行面对面反馈，内容包括肯定成绩、指出不足及改进措施、共同制订下一步目标或计划等。华为强调反馈是双向的，主管应注意留出充分的时间让员工发表意见。

在华为，绩效反馈时，面谈沟通的程序是：充分准备（拟定面谈时间、地点、方式、角度、内容等）→营造良好的沟通氛围→把握考核沟通原则→平衡听讲问→处理话题偏听偏移→确定下阶段目标。

考核沟通应注意以下原则：对事不对人，只谈绩效而不涉及人格；不将被考核者与第三者比较；谈话内容避免被第三者听到；谈话场地尽可能免受干扰；沟通要坦率、具体。

在华为看来，没有双向沟通，就称不上绩效管理。绩效管理是目标导向与价值评价的载体。绩效考核和薪酬紧密联系，考核不仅仅是为报酬服务，而且是以绩效的改进为目标。主管要对下属进行辅导、监控，再做出评价。和下属的沟通列入了对各级主管的考评。

综上所述，华为绩效管理具有以下特点：①绩效管理促进绩效改进；②绩效评价基于工作目标的管理；③工作目标设置与员工充分沟通；④目标达成伴随主管的事前指导与事中辅导；⑤鼓励创新，允许员工有创意的计划予以实施；⑥倡导从小事做起、做实事，小改进大奖励，小进步造就大进步；⑦资源共享与内部客户服务系统，构成绩效完成的支撑体系；⑧绩效评价有客观的依据与工具，促进员工不断提高；⑨营造良好组织气氛，充分发掘个人潜力，获得超常工作绩效。

第九节　平衡计分卡优化绩效考核

平衡计分卡的不足

计分卡

从四个角度
关注企业的
绩效

四个角度不
能适用于所
有的企业

"平衡记分卡到底是什么？能给我们带来什么？"这仍然是最令平衡记分卡推行者感到尴尬的问题。

平衡记分卡（BSC）的概念很简单，是一个增强公司长期战略计划编制的工具。其功能在于识别和监控企业各个层级上的关键衡量标准，目的是将管理层制定的战略与运作层面的活动整合起来。它从财务、顾客、业务流程和内部学习这四个方面，帮助管理层对所有具有战略重要性的领域做全方位的思考，可用于确保日常业务运作与企业管理高层所确定的经营战略保持一致。

做一个形象的比喻：平衡计分卡是飞机驾驶舱内的导航仪，通过这个"导航仪"的各种指标显示，管理层可以借此观察企业运行是否良好，随时发现在战略执行过程中哪一方面亮起了红灯。

很显然 BSC 是个战略管理工具。尽管目前有些企业已经在使用平衡计分卡，但与平衡计分卡的初衷似乎已经背离了。大部分企业误将 BSC 仅仅作为一种绩效管理工具在积极推动，而不是作为一个战略管理工具！ BSC 往往被作为解决考核和奖金发放问题，而不是首先以支撑企业经营目标的实现为目的！

平衡计分卡包括财务和非财务指标，通过在不同类别中综合考虑这些指标，以确保企业不仅关注过去的财务结果，而且注重企业的业务战略和未来的绩效。目前，《财富》排名前 1000 名的公司中 409 家公司应用了平衡计分卡的方法。

平衡计分卡 (BSC) 的基本内容是通过四个相互关联的视角及其相应的绩效指标，考察公司实现其远景及战略目标的程度，这四个视角分别是顾客、财务、内部流程、创新与学习。如图 9-3 所示：

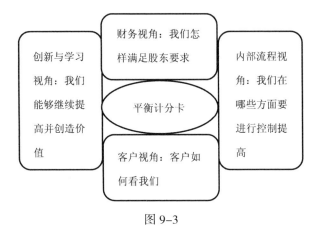

图 9-3

（1）财务视角：我们如何满足股东？

财务指标是平衡计分卡中所有其他方面的焦点，所有衡量标准的最终目的是为提高财务绩效。它既要确定战略的预期财务绩效，也要成为平衡计分卡所有其他方面的最终鉴定指标。有 3 个财务主题在推动其有效执行，即销售收入的增长、降低成本和提高资产利用率。

（2）顾客视角：顾客如何看待我们？

为了更好地服务顾客，必须将所有顾客进行细分，因为这些细分市场将构成公司财务收入的来源。平衡计分卡在顾客层面的进展使企业能够将衡量指标与顾客群体和细分市场相衔接。这些指标分为顾客层面的衡量和衡量对顾客利益的重视程度。如市场和客户份额、客户保持率、客户获得率、顾客满意度、顾客盈和串，以及产品和服务特征、顾客关系、形象和声誉等。

（3）内部流程视角：我们必须擅长什么？

平衡计分卡从满足投资者和顾客需要的视角出发，从价值链上针对内部的业务流程进行分析，提出了四种绩效属性，如质量导向的评价、基于时间的评价、柔性道行的评价和成本指标评价。

（4）创新与学习视角：我们能否提升并创造价值？

一般来说，公司的学习和成长能力有三个主要来源：人力、系统和组织程序现有的人员，系统和程序的能力与实现突破性业绩目标所要求的能力之间的差距。为了弥补这些差距，企业就要投资于培训员工，提高信息系统技术，组织好企业程序。其中提高员工能力、激发员工士气尤为重要。反映员工方面的指标主要有：员工培训支出、员工满意度、员工的稳定性、员工的生产率等。

这四个视角之间的逻辑关系如下图所示。从财务视角看，公司的目标是为股东创造价值，而从顾客视角看，客户购买量和满意度直接决定财务收入的增长。为了满足顾客，公司员工的技能需要不断提升，这就属于平衡计分卡中的内部流程视角，而从创新与学习视角考虑，公司的技能和能力是由公司管理制度和人力资本来决定的。如图 9-4 所示。

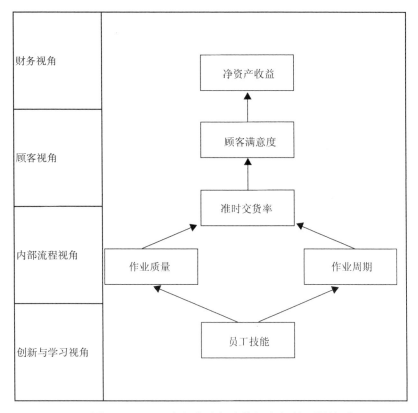

图 9-4 BSC 四个角度及相应指标之间的逻辑关系

与传统考核相比，平衡计分卡具有如下优势：①平衡计分卡促使公司主动检讨公司的战略，连接战略与绩效管理系统；②平衡计分卡与薪酬等绩效回报连接，能充分调动员工工作的积极性与主动性；③平衡计分卡有助于实现利益相关者的意愿，以保护股东利益并更好地为股东创造价值；

④平衡计分卡能促使公司内部员工加强沟通，创造良好的组织文化；⑤平衡计分卡有助于改善内部运营，既体现在它是一个有效的战略管理工具，也体现在它是一个有效的绩效管理工具。

综合国内外对平衡计分卡的批评和讨论，可以看出，平衡计分卡的不足主要表现在以下两个方面：①平衡计分卡强调从四个角度关注企业的绩效，这可能会将企业的资源从对实现投资报酬等真正有价值的领域分散开来。同时，它无法确定所选定的四个方面的相对重要性。②平衡计分卡提出的四个角度不能适用于所有的企业。所以，企业应该更看重 BSC 体现的平衡思想，而不应该拘泥于其提出的四个角度。现在，已经有很多企业认识到这一点。

2000 年开始，华为已经将平衡记分卡的概念用于管理中了，只是没有明确告知员工，这叫"平衡记分卡"而已。

在《华为公司的核心价值观》里，对平衡计分卡有着这样的描述："针对绩效考核，我们根据公司的战略，采取综合平衡计分卡的办法。综合平衡计分卡就是我们整个战略实施的一种工具，它的核心思想是通过财务、客户、内部经营过程及我们在学习和成长四个方面相互驱动的因果关系来实现我们的战略目标。"

"平衡计分卡关键在于平衡：关于短期目标和长期目标的平衡、收益增长目标和潜力目标的平衡、财务目标与非财务目标的平衡、产出目标和绩效驱动因素的平衡，以及外部市场目标和内部关键过程绩效的平衡，也就是我们从战略到指标体系到每一个人的 PBC 指标，都经过平衡计分卡来达到长短、财务与非财务等各个方面的平衡。"

平衡计分卡不仅提供过去成果的财务性指标，同时从顾客、内部流程和学习与成长等三方面弥补传统方法的不足。而且，使绩效考核与战略目标联系起来，将绩效考核作为战略实施的工具，寓战略于绩效考核之中，使之不仅成为一项绩效考核工具，更是一项战略实施工具。

华为引入平衡计分卡，使公司从战略到指标体系到每一个人的平衡计分卡指标，达到最佳平衡状态。

在华为，对产品经理的考核，一般是以结果为导向的，以各项指标作为重点考核内容。对于产品经理，按照平衡积分卡的方法，可以从财务和客户层面，定义和选取主要的考核指标。

产品经理将自己所负责的考核指标和工作目标层层分解，落实到各级团队成员身上。在矩阵架构下，由于要采取 360 度的绩效管理模式，对于员工的考核，需要所有相关的主管都参与其中并反馈意见。[1]

---

1 卢刚 . 向华为学习卓越的产品管理 [M]. 北京：北京大学出版社，2013.

华为的员工激励

当企业建立了责任和协同体系之后，就要考虑如何让员工主动地承担起责任，也就是如何激励员工。甚至有人说，激励是管理的核心问题。好像激励问题怎么说都不为过，毕竟这关乎员工的工作动力。

现实一点的老板说，激励就是分钱。很对，物质永远是基础，但分钱不是一件容易的事。很多老板是有"钱聚人散、钱散人聚"的理念的，但确实不知道怎么分。

分钱的依据是什么？能够让组织成员共同认可的依据是什么？这难倒很多人。现代企业是个高度分工协作的组织，涉及不同专业的人共同努力来完成同一件事情，那么不同的人做的不同的工作，如何评价？科学不断告诉我们，质上不同的东西量上无法比较，但在组织中，我们恰恰要比较性质上不同的工作和贡献。

企业要解决价值评价和价值分配问题，也就解决了价值创造的动力问题，使价值创造成为可能，得以持续。所以，薪酬激励的根本是评价，不是评价人，是评价人在岗位（责任）上的发挥的价值，而且是把不同岗位的人的价值用相同的评价系统来区分。

这就依靠权威了。评价质上不同的东西，无法依靠客观的科学，而必须依靠权威。在这一点上，管理更接近实践，而非科学。大概这是德鲁克先生把著作命名为《管理实践》而非《管理学》的原因吧。权威不是来自于权力，而是战略的代言。

理想的老板说，人要有点境界，不能眼盯着钱。这个也对。社会进步到现在，钱应该不是，或者不应该是唯一的追求了，这符合马斯洛的需求层次论。何况，经济学早就讲了"效用递减规律"，单纯靠分钱无法解决持续的动力问题。

而且，有非常多的案例证明：越有钱之上的追求，越能找到工作的成就感，越能把事情做好。井深大先生讲"让工作本身成为工作的最大激励"，意味深长。早年的索尼也正是靠这个理念来激励工程师不断创新的。

现实中，单纯讲境界的，一直活得很艰难；单纯讲分钱的，初时繁荣，但不长久；但两种都抓、两手都硬的，成为翘楚，华为即是。任正非是大讲特讲追求和境界的，但同时又最懂得人内心中现实的一面。华为激发了那么一大群天之骄子内心的自豪感与事业心，也让他们通过劳动获得了经济上进而是人格上的独立。这难能可贵！

华为是极少数有管理的企业，依靠庞大而管理有效的系统，推动自身不断成长和超越。这是任正非非常了不起的地方。但华为不是神话，华为学得到，关键是你学不学，以及怎么学。学习是人类进步的阶梯，说某某某学不到，基本都属夸大其词或危言耸听之类。

（本文摘编自《华为的管理为什么会成功》，作者：白刚）

第十章

合理调整目标

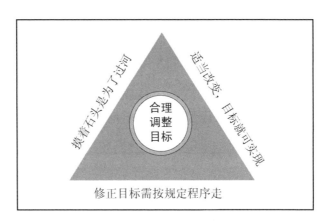

第一节　摸着石头是为了过河

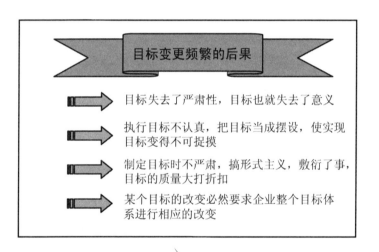

大家知道"摸着石头过河"这句名言吗？当然，人人皆知。那么，"摸着石头过河"的目的是什么？

这时能回答清楚的就不多了，但总还是能有部分人回答出来——过河。对，"摸着石头过河"的目的是为了过河，可是，你仔细看看现实社会，就会发现，很多人虽然清楚"摸着石头过河"的目的是过河，可总是有一部分人，摸了几块石头后，就对摸石头感兴趣了，会将自己的目的、目标忘记，不再过河了。

有明确的目标，才会为行动指出正确的方向，人们才能在实现目标的道路上少走弯路。事实上，漫无目标，或目标过多，都会阻碍我们前进，要实现自己的心中所想，如果不切实际，最终可能是一事无成。

生活中人是应该也是必须有目标的，否则我们的人生在那种无序的状态下是难有作为的，所以人生要活得精彩就必须有目标，以指引我们的人生在迷茫和困惑中前行。一个人有了明确的目标会令自己少许多困惑多很多明了，让我们少走弯路，走出一个更明确的人生。目标对于企业的意义也是如此。

目标是在充分考虑到未来一定时期（1年或半年）的可能变化后制定出来的，因此不能因为环境的细微变化就要求修正目标；目标是经过努力才能达成的目标，不能因为一些变化造成目标达成困难就要求更改目标，应该努力克服困难，实现目标；不能简单地因为月份或半年执行进度与计划进度不一致就要求修正目标，而是应考虑整个目标执行期的总体完成情况，即使月份或半年执行进度慢于计划进度，但如果目标还是能够在一年内完成的就不应该调整目标。

企业目标是经过严密程序制定出来的，在制定时包括了对未来的预测和不确定性的估计，所以一般不存在修正的必要。目标变更频繁会造成下面的后果：

（1）如果变更频繁，目标就失去了严肃性，目标也就失去了意义，此外，还容易产生两方面的后果；

（2）执行目标不认真，把目标当成摆设，使实现目标变得不可捉摸；

（3）制定目标时不严肃，搞形式主义，敷衍了事，目标的质量大打折扣；

（4）由于目标之间具有高度的相关性，某个目标的改变必然要求企业整个目标体系进行相应的改变，否则目标体系就无法维持。在这种情况下，也容易产生三个方面的后果：①改变整个目标体系的工作极其复杂，不仅增加管理工作量，而且加大了管理难度，会带来企业管理成本的上升；②由于目标执行的进度不一，调整目标体系，会打乱企业现行的生产经营秩序和各项工作间的平衡，使企业陷入混乱；③目标管理把目标与员工利益上的得失紧密联系在一起，目标体系的变动必然带来利益的变动，而利益的变动对所有人来说不是均等的，会有人反对，也会有人窃喜，企业内部的团结协作就会出现裂缝。

总之，推行目标管理最好不要修正目标。为了防止目标被修改，一些企业甚至将目标纳入企业章程，就如同国家把发展目标写进了宪法。

华为在创业最初就有国际化的梦想，但其实，华为距离这个梦想还是很远的。在向这个目标迈进的过程中，华为遇到了重重困难，但并没有因此而放弃这个梦想，而是适当地采用了拐大弯的策略，走"农村包围城市"的道路。

在华为的国际市场战略中，有很多都是借鉴其在国内市场的成功经验而制定的。因为中国是世界上最大的通信市场，也是竞争最激烈的国际市场。世界上所有的通信巨头都活跃在中国市场，而且还曾经垄断过中国市场，也就是业内所说的"七国八制"。中国的电信市场规模巨大，而且一开始就面对的是强大的国际竞争对手，可以说竞争非常激烈。所以，在中国市场摸爬滚打的经验可以给华为走向国际市场提供难得的经验。

华为开拓国际市场，还是沿用国内市场所采用的"农村包围城市"的先易后难策略。华为凭借低价优势进入大的发展中国家，这能规避发达国家准入门槛的种种限制，而且海外大的电信公司难以在发展中国家与华为

"血拼"价格。由于电信业是一个标准化很高的行业，新兴市场基础网络设施建设比较差，还没有形成稳定的管理系统，门槛比发达国家低。

华为首先打入亚太、非洲和拉美一些发展中国家，这和当时华为的技术水平是相吻合的。这些新兴市场电话普及率低，进入门槛低，同时也是许多大公司忽略的地方。这些市场同中国初期发展的电信市场有相似之处，这使得华为在中国市场积累的丰富经验有了用武之地。

对于当时走出国门的艰难，任正非曾这样描述："当我们走出国门拓展国际市场时，放眼一望，所能看得到的良田沃土，早已被西方公司抢占一空，只有在那些偏远、动乱、自然环境恶劣的地区，他们动作稍慢，投入稍小，我们才有一线机会。为了抓住这最后的机会，无数优秀华为儿女离别故土，远离亲情，奔赴海外，无论是在疾病肆虐的非洲，还是在硝烟未散的伊拉克，或者海啸灾后的印尼，以及地震后的阿尔及利亚……到处都可以看到华为人奋斗的身影。"

华为最开始的重点是市场规模相对较大的俄罗斯和南美地区。以俄罗斯为例，1997 年 4 月，华为就在当地建立了合资公司（贝托华为，由俄罗斯贝托康采恩、俄罗斯电信公司和华为三家合资成立），以本地化模式开拓市场。2001 年，在俄罗斯市场销售额超过 1 亿美元，2003 年在独联体国家的销售额超过 3 亿美元，位居独联体市场国际大型设备供应商的前列。在南美市场的开拓并不顺利，1997 年就在巴西建立了合资企业，但由于南美地区经济环境的持续恶化以及北美电信巨头长期形成的稳定市场地位，一直到 2003 年，华为在南美地区的销售额还不到 1 亿美元。

2000 年之后，华为开始在其他地区全面拓展，包括泰国、新加坡、马来西亚等东南亚市场，以及中东、非洲等区域市场。特别是在华人比较集中的泰国市场，华为连续获得较大的移动智慧网订单。此外，在相对比较发达的地区，如沙特、南非等也取得了良好的销售业绩。

在发展中国家的连战告捷，使华为信心倍增。进入 1999 年后，华为全线产品都得到了很大的提升，就不再满足于仅仅在第三世界国家发展。

然而当华为在发展中国家有所发展的时候，原来根本不把华为看在眼里的跨国巨头们，这时慢慢地感觉到华为将给他们带来威胁，对华为公司进行一些战略上的遏制和经济上的遏制，来压制华为公司在各国市场的发展。不过，对于华为来说，这样的打压根本无法阻止它的前进。

从 21 世纪初开始，华为开始将目光转向了欧美市场，因为这不仅是一块成熟的市场，占全球市场的份额比较大，而且也是各大通信巨头们的传统势力范围。

华为从电信发展较为薄弱的国家入手，逐渐向电信业发达的地域进军。循序渐进，厉兵秣马，卧薪尝胆，投入近十年的人力、物力和财力，终于赢得了厚积薄发的海外市场的成功，其国际化之路是这样的：1997 年进入俄罗斯，1998 年进入印度，2000 年进入中东和非洲，2001 年迅速扩大到东南亚和欧洲等 40 多个国家和地区，2002 年进入美国。从 2003 年开始，华为的名字与越来越多的国际主流运营商紧密联系在一起。

华为在国际市场咄咄逼人的气势令海外跨国通信制造商已经不敢轻视这个来自发展中国家的通信制造业的排头兵。思科、富士通状告华为的事例正从另一层面证明了这个说法。

华为投资英国曲线救市，也是拐大弯的一个案例。"别的国家没有困难，英国这些国家是非常欢迎我们大规模投资的。"任正非说。

华为对欧洲的投资很早就开始布局。2011 年，华为曾宣布计划拟在 3

年内将公司在英国的员工数量翻番增至 1000 人。2012 年 3 月，华为表示，将增加在欧洲的投资并增加就业。更大规模的投资已经开始。华为 2012 年 9 月 11 日在伦敦宣布将新增投资 13 亿英镑 (约合 130 亿人民币) 扩大其在英国的业务规模。其中 6.5 亿英镑用于投资，另外 6.5 亿英镑用于采购。有一部分投资将用于扩充其位于英格兰东部伊普斯威奇 (Ipswich) 的研发中心。在未来 5 年中，华为将投资英国的移动宽带等项目，给英国带来 700 个新的就业机会。

这对于经济低迷的英国将是一个巨大的刺激。任正非的战略布局是大手笔，是力出一孔的具体体现。执行迂回长征路线，将经济利益摆给美国看，最终还是为了撬动美国市场。

任正非的发言也表现出"曲线救市"的策略："我们把加拿大的人才用尽了吗？英国的人才用尽了吗？这个世界的人才除了美国就没有了吗？我不相信。我们不要狭隘地认为我们已经无路可走了。"[1]

第二节　适当改变，目标就可实现

如上节所说，目标对于企业和个人的重要指引作用，使得目标在制定之后就不适宜改变。但也有例外，如下面这个故事。

一位青年满怀烦恼去找一位智者，他大学毕业后，曾豪情万丈地为自己树立了许多目标，可是几年下来，依然一事无成。他找到智者时，智者正在

1　华为海外布局：目标十年内融入美国市场 [A]. 腾讯科技，2012(10).

河边小屋里读书。智者微笑着听完青年的倾诉，对他说："来，你先帮我烧壶开水！"青年看见墙角放着一把很大的水壶，旁边是一个小火灶，可是没发现柴火，于是便出去找。他在外面拾了一些枯枝回来，装满一壶水，放在灶台上，在灶内放了一些柴便烧了起来，可是由于壶太大，那捆柴烧尽了，水也没开。于是他跑出去继续找柴，回来的时候那壶水已经凉得差不多了。这回他学聪明了，没有急于点火，而是再次出去找了些柴，由于柴准备充足，水不一会就烧开了。

智者看了看，将一壶开水全倒了，重打了一壶冷水，说："你再帮我烧壶开水好吗？"青年看了看剩下的不多的柴，摇了摇头"烧不了了，四周能找的柴都被我找来了，剩下的这点柴不够烧开一壶水"。智者什么也没说，将水壶里的水倒掉了一大半，然后交给青年……青年若有所思地点了点头，一会儿就将水烧开了。

智者接着说："你一开始踌躇满志，树立了太多的目标，就像这个大水壶装了太多水一样，而你又没有足够的柴，所以不能把水烧开，要想把水烧开，你或者倒出一些水，或者先去准备柴！"青年恍然大悟。回去后，他把计划中所列的目标去掉了许多，只留下最近的几个，同时利用业余时间学习各种专业知识。几年后，他的目标基本上都实现了。[1]

这位青年，在实践目标的时候，由于目标太多，因此，适当改变，删繁就简，目标就可实现。

地产界的大佬王石曾因环境的变化和认知的变化改变了自己的人生目标，他这样说道："我原来计划 70 岁的时候再登珠峰，到了哈佛之后我就

1　琴台.烧开一壶水的智慧 [J].幸福·悦读，2013(3).

放弃了，因为我感到知识的这座高山比珠峰还要高。原本我的游学计划是3年，在哈佛1年，英国1年，耶路撒冷半年，伊斯坦布尔半年。但是在哈佛现在待了2年半，我觉得其实需要4年，但是你老赖在那里不走是不是准备弄个博士学位？我没想拿。原来剑桥的计划是1年，现在已经延到了2年。照现在看，你说耶路撒冷怎么可能半年呢？怎么也得1年。所以我现在的学习计划已经安排到了2017年。"

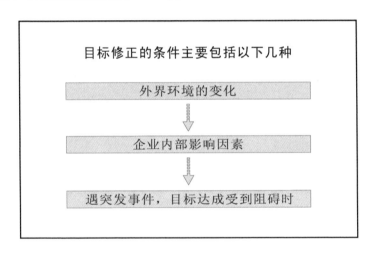

目标管理一般不主张修正目标，但是出现了新的情况导致原目标的执行发生了变化时，就应该迅速采取行动修正目标。这样做，一是可以使企业行动方向与环境变化的方向保持一致，形成对市场变化的快速反应机制；二是重新调整目标，可以再次平衡因环境变化而产生的在完成目标上的苦乐不均；三是如果某个环节目标因环境变化而无法完成，就会影响其他环节目标的完成，实施调整就可以最大限度地减轻阵痛，使目标体系在新的环境里实现正常运转。

对于企业来说，看到目标不适应环境发展，或是企业周围各种因素的影响和干扰，有时企业会不自觉地偏离我们自己所设定的目标，时间稍长，如果企业不警觉并及时调整目标和状态，这种偏离就会越来越远，最后甚至会放弃企业当初设定的目标。所以企业在发展的过程中，应该根据实际情况、企业所面临的环境变化修正自己的目标。

目标修正的条件主要包括以下几种：

1. 外界环境的变化

由于外界环境变化而修正目标，通常可分为两种：

(1) 当目标本身已完全失去其意义时。例如，当企业准备投入大量资金以开发某项新技术为目标时，发现另一企业已开发出该种技术，并早已申请专利，此时，该目标就失去了其原有的意义。

(2) 公司外部环境发生变化。例如，当公司设定某商品的销售目标时，却意外发现市场存在强有力的竞争对手，或突遇石油危机、金融危机、汇率变动、通货膨胀等，原目标受到影响，就需要考虑修正目标，或甚至变更目标。

2011 年一季度刚过，华为即开始面临业绩"负增长"的大考验：华为由总裁办向各级部门签发的一份邮件显示，公司一季度 PSST（研发及解决方案）运营商业务销售收入同比下降 1%，订货增长仅为 1%，收入严重低于预期目标。

2011 年初，美国市场给华为泼下最后一盆冷水：在历经多时的努力和期待之后，竞争美国运营商 Spring 项目再次因"安全"等原因，在美国商务部的直接干预下再次被拒之门外。在此之前，华为已经由于同样的理由落败美国 Verizon、AT&T 等的项目，美国三大运营的大门皆已向华为关闭。

这终结了华为在系统设备领域对美国市场的幻想，同时亦终结了仍能在传统设备领域保持高速增长的预期。

假设华为要在 5 年实现"千亿"目标，企业网和终端至少要贡献 30%。

2011 年 4 月 27 日，上海，余承东面对来自全球的电信分析师说："华为的分析师大会开了 7 年了，今年我们头一回发出信息，我们要拓展边界，从 CT（通讯技术）向 ICT（信息及通讯技术）转变。"

这个被华为大声向外界传达的"转型"信号，为华为指出了两条新的道路：企业网市场，以及以手机为代表的数字终端市场。

华为内部就企业网和终端的目标分别定为：3 年企业网达到 100 亿美元，5 年终端达到 200 亿美元。也就是说，假设华为要在 5 年实现"千亿"目标，企业网和终端至少会为其带来超过 30% 的收益，或者更多。[1]

华为消费者 BG 在《2014 年新年致辞》中，发布其 2013 年营收数据，预计当年销售收入超过 90 亿美元，同比增长约 18%；利润额超额完成。2013 年，全球智能手机市场出货量首次突破 10 亿部，三星与苹果分别以 31.3%、15.3% 市场份额位居前列，华为全球排名第三，市场份额为 4.9%。

2014 年年初，华为发布业绩预报称，2013 年公司全年收入将达到 2380 亿至 2400 亿元，同比增长约 8%。根据统计显示，2013 年消费者业务 BG 收入占华为公司总收入的 23%，企业业务 BG 占华为总收入的 7%。

2. 企业内部影响因素

企业目标应该具有相对的稳定性，如无特殊情况，不可随意更改。但是，出现以下情况时应考虑修正。

3. 遇突发事件，目标达成受到阻碍时

天有不测风云，各种突发事件常常对目标的达成产生影响。一般我们可以把突发事件分为两类：一是企业内部所遭受的意外事故，如水灾、火灾、

1　丘慧慧. 问道华为"云"再造：减速之惑 [J]. 21 世纪经济报道，2011(5).

爆炸、倒塌等；二是企业外界的突发事件，如金融风暴、通货膨胀或紧缩、企业股票币值的变化、石油危机等。

除了在上述三种情况下可考虑修正目标外，还有一些变化因素也将导致目标的修正，如产生了比以前更具发展性的构想、目标达成程度发生变化、成员的调职、辞职、发生事故等。

2013年，华为将网络设备销售的长期目标削减三分之一，称之前的目标"过于乐观"。华为的执行副总裁徐直军指出，"国际社会的安全问题"阻碍了华为在美国电信设备市场的发展，针对运营商的业务发展停滞不前，华为未来四年销售目标定为100亿美元，比去年（2012年）设定的目标减少50亿美元。

徐直军表示，经过对市场形势评估，将目标定为100亿美元更加现实，"如果我们能在2017年底达到100亿美元的销售额就已经很不错了"。华为向其他电信设备运营商出售设备的运营商业务，几乎占据其总收益的75%。同时，华为消费者部门主要向终端用户出售手机和平板电脑，并且已经跻身于蓬勃发展的智能手机市场，和高端品牌如苹果、三星电子展开竞争。华为期望其为企业和电信公司提供IT方面的设备和服务的信息技术业务，能够在2013年贡献8亿美元到10亿美元营收。

由于"安全问题"，美国、加拿大和澳大利亚不允许华为向美国电信公司出售设备，因此华为在海外发展面临阻碍。2012年，美国众议院情报委员会发布了一份报告，要求美国电信公司不能与华为和中兴展开贸易。徐直军表示："我们不再对美国市场感兴趣了。其实，它不是一个我们非常重视的市场。"

人生和企业都是这样，都是一个不断设定目标和不断完成并重新设定更高目标而再去完成的过程。我们只有在设定目标后，不断地去修正和完善，才能更有效地执行并完成它，从而更好地达到或接近我们的目标。

目标可以变，但目标的改变不可随意。有些企业认为计划赶不上变化，目标变来变去，觉得定目标没有用。主要有以下几点原因：

第一，目标经常变。很多企业的目标，每年都定，但每年都变，这就失去了定目标的严肃性。在这种情况下，下属知道你现在定了，将来还要变，结果定目标的时候，下属们心中实际上是不在乎的。

第二，不关注目标的结果。目标进行得怎么样，没有及时进行修正和评估。在这种情况下，下属们就完全按照自己的想法做事情。很多企业里面，前面定了目标以后，后期到底做了什么，是不是按照这个目标来走，到最后是不是达成了目标也没有人管，完全没有工作追踪。这样一来，作为执行层的下属来讲，对目标实际上是不认同的，或者说是根本没有认真去推进。

第三节　修正目标需按规定程序走

很多时候，一些企业在向联想和华为学习"拐大弯"策略的时候，会忘记自己的最初目标，或者是不断地修改目标，向其他目标走去而不复返。

目标如果需要修正，应按规定程序进行：

（1）目标执行人填写"目标修正卡"，将修正后的目标、修正的理由等内容填写好后，直接交给领导签写意见后转递目标跟踪检查部。如表10-1所示。

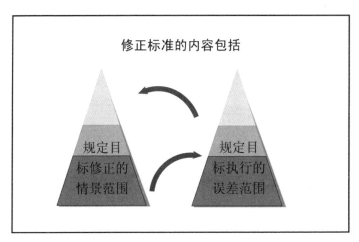

表 10-1 目标修正卡

执行单位：　　　　　执行人：　　　　　　　填表日期：年　月　日

目标		原订进度（月）											
原目标	原订工作计划	1	2	3	4	5	6	7	8	9	10	11	12
修正目标	工作计划	修正进度（月）											
		1	2	3	4	5	6	7	8	9	10	11	12
修正原因													
审核													

第一联：自存　　　第二联：上司　　　　第三联：企管处

（2）如果目标变更不影响其他部门，跟踪部在修正卡上签注自己的意见后呈最高管理层核准，核准后交给执行人。如果目标变更影响其他部门并要对其他部门的目标做相应变更，跟踪部应召集相关部门主管开会协商目标的修正，并责成其他部门按会议意见在一定时间内修正目标并将目标修正卡上报，跟踪部将会议意见和自己的意见签注在目标修正卡上后，呈最高管理层核准，核准后下发各部门。整个过程完毕后，应将修正目标的经过、原因、目标协商会上的讨论情况及最后的意见等作一总结，并记录在修正目标记录表上，作为将来的考核依据。

（3）各单位及相关目标执行人收到核准的目标修正卡后，按新目标重新填写目标卡代替旧目标卡，呈上级核准后执行。

关于修正标准的内容一般包括以下两个方面：

（1）规定目标修正的情景范围

比如，需要修正目标的不可抗力的范围，也就是说规定哪些意外事件发生才可能需要修正目标。不可抗力一般包括意外事故（如起火、垮楼），自然灾害（如洪水），国际政治局势的突然变化（如战争），国际经济形势的突然变化（如石油危机、亚洲金融危机），企业内部情况的突然变化（如资金流的突然中断、领导层的突然变更、人员意外流动）等。

（2）规定目标执行的误差范围

也就是说，只有在目标执行值与计划值之间的差额超过了一定的范围时，才需要修正目标。比如，计划到 8 月底完成全年销售目标的 70%，如果实际完成数值在 60% ~ 85% 之间则不能变更目标，超出这个范围则可能需要变更目标。这就为是否需要变更目标提供了可以度量的依据。

上述两个标准，应该结合起来共同决定是否需要变更目标，如果只有其中之一，原则上不能变更目标。

从 20 多年前以两万元起家到现在年销售额达到 350 亿美元，超越爱立信，成为全球最大的电信设备供应商，华为以不断创新的形象，成为国际电信市场上一颗耀眼的明星。

20 多年来，华为始终在奔跑，一直在追赶，不断在超越。眼见摩托罗拉、诺基亚、阿尔卡特等一个个世界电信巨头风光不再，来自中国的华为却逐渐壮大。

成就伟大公司的理想和"不做牺牲品"的现实考虑之间的矛盾，使得柳传志在联想发展的各个方面都选择了"拐大弯"。1994 年，联想第一次提出的股份制改造方案被直接驳回，从此个性谨慎的柳传志就放弃了之前的想法，而是采取了"绕着走、拐大弯"的策略。他没有再坚持原来的方案，而是退而求其次，希望获得分红权。

"我们所在的这个行业发展太快，一定要换更有能力的年轻同事到第一线。但是大家想，如果这些老同事不到退休年龄，我对他们说你下来吧，换年轻人上来，这能行吗？这就等于是一棵树，前人将浇水、施肥等工作全做了，摘果子的时候你靠边站，这于情于礼都行不通，但是如果他们不挪开的话，这个企业就办不好。有了分红权我们就将它分配到了人头上，这时候老同事从内心上就非常高兴和愿意叫年轻人到第一线上来，扶持年轻人上来，因此机制在这个时候起了非常重要的作用。"

在今天看来，柳传志当时的做法确实很明智。因为当时大家分的是一张"空饼"，谁也不知道将来会有多大的利润可以分配，大家都不会太计较，所以讨论分配原则的时候很容易就通过了。如果是在今天，以联想现在的规模，再来讨论分配方案就会困难一百倍了。

很多人都想问一个问题：在 2009 年最后的股权出售中，为什么联想集团自己不买？这还是柳传志"拐大弯"的想法，他首先必须保持"回避"的姿态保持联想的形象，只是引入一个战略投资者，同时又曲线让联想真正成为一家民营企业。到了最后时刻仍然留有余地，柳传志的隐忍着实让人敬佩。[1]

1　金牛座柳传志：看准目标"拐大弯" [A]. 中国企业家网，2011(4).

• 延伸阅读 •

让目标管理方法真正发挥作用

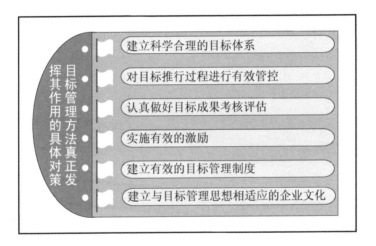

使目标管理方法真正发挥其作用，具体对策有以下几个方面：

1.建立科学合理的目标体系。

科学合理的目标体系要保证目标和战略的有效结合，避免战略被稀释，定量目标和定性目标相结合，合理配置企业资源，兼顾企业的长、短期利益的平衡，同时要注意目标体系的横向公平性、纵向合理性以及目标体系的伸缩性，要使目标管理具有可操作性，必须将目标分解，最终结果是一个目标的层级结构。在此结构中，某一层的目标与下一级目标连接在一起，而且对每一位雇员，目标都提供了具体的个人绩效目标，这样便建立了一套完整的、科学合理的目标体系。

2.对目标推行过程进行有效管控。

对目标推行过程进行控管包括两个方面：对人员有效控管和对推行过程的控制。首先是对人员的控管，目标管理中的"自我控制"和"自主管理"的产生，就依赖于真正的授权，要做到权限与所制定目标相对应。同时上级授权者对下级行使的职务权限是否妥当及目标的实施情况负责。其次，对目标执行过程的控制，根据标准衡量目标执行情况，即把企业实际绩效与标准进行比较，对所完成的工作做出客观评价，纠正目标在执行过程中产生的偏差，从而使被控制对象始终处于控制之内，正常运行。

3.认真做好目标成果考核评估。

所谓成果考核评估，就是上级在目标执行之后，将所取得的实际成果与原先设定的目标进行比较，从而对目标的完成情况和员工的工作业绩进行衡量，并以此为依据对员工进行奖罚，以便目标管理能够在一个更高的起点上循环，建立有效的成果考核评估体系，主要是确保指标系统化、"标准化"、具体化和制度化建立适宜的考核评估制度，做好标准化工作，做好日常统计核算工作。

4.实施有效的激励。

要实现有效的激励需要做到以下几点：首先在目标制定阶段由"命令式"到"合作式"的转变。上级不再单向下命令，而是用"参与"的方式，与下级共同制定目标。员工根据上级的期望拟定自己具体的目标。其次在目标达成过程由"控制"到"协助"，转变上级由"控制"改为"支持"，员工由"被动接受"转为"自我控制"。再次在目标考核评估阶段则由"考核"到"共同评定"做到公开、公平和共同探讨，以求达成共识。

5.建立有效的目标管理制度。

目标管理制度是推行目标管理的保证，企业要建立有效的目标管理制度需做到：高层主管的亲身参与目标管理制度应与现行的信息系统及控制制度相结合，定期安排检查并建立反馈制度，当目标管理制度与组织的各项管理活动及职能密切结合，并成为各级主管的工作方式时，其作用才能显现。

6.建立与目标管理思想相适应的企业文化。

企业文化是企业的核心理念，是企业和员工工作的精神导向，目标管理和企业文化是一种相互协同的关系，企业文化是企业长期发展的驱动因素，它要求企业必须有一套明确的做事规范和行为准则，以确保企业的发展不偏离方向。而目标管理则是依据制定目标、实施目标、考评目标成果来管理。它明确了企业为实现目标该如何去做，因此目标管理只有依托于企业文化才能最终实现目标，完成企业目标计划，从而使得企业在经济发展新形势下具有竞争力和凝聚力。

(本文摘编自《浅谈目标管理在现代企业中的应用》，作者：王素云)

参考文献

[1] 黄宪仁. 如何推动目标管理 [M]. 厦门：厦门大学出版社，2010.

[2] 吕方兴 .1 张图目标管理 [M]. 北京：东方出版社，2012.

[3] 菅野笃二. 韩丽娟，译. 超简单目标管理 [M]. 北京：东方出版社，2010.

[4] 周志轩. 目标管理与绩效考核 [M]. 成都：成都时代出版社，2012.

[5] 田涛，吴春波. 下一个倒下的会不会是华为 [M]. 北京：中信出版社，2012.

[6] 杨玉柱. 华为时间管理法 [M]. 北京：电子工业出版社，2011.

[7] 孙科炎. 华为项目管理法 [M]. 北京：机械工业出版社，2014.

[8] 余胜海. 华为还能走多远 [M]. 北京：中国友谊出版公司，2013.

[9] 孙科炎. 华为工作法 [M]. 北京：中国电力出版社，2013.

[10] 卢刚. 向华为学习卓越的产品管理 [M]. 北京：北京大学出版社，2013.

[11] 程东升. 任正非管理日志 [M]. 北京：中信出版社，2013.

[12] 华为最少提创新，任正非：只推动有价值的创新.i 黑马，2014.5

[13] 黄宪仁. 如何推动目标管理 [M]. 厦门：厦门大学出版社，2010.

[14] (美) 杰克·韦尔奇 (著)，余江等 (译) 赢 [M]. 北京：中信出版社，2005.

[15] 张笑恒. 心态放平了，事情就顺了 [M]. 苏州：古吴轩出版社，2012.

[16] 余世维. 赢在执行 (员工版) [M]. 北京：北京出版社，2009.

[17] 邵雨. 管控力：面向目标的执行方法 [M]. 北京：清华大学出版社，2008.

[18] 彦毓 .20 岁开始 30 岁成功你拿这十年做什么 [M]. 长春：北方妇女儿童出版社，2011.

[19] 张利华. 华为研发 [M]. 北京：机械工业出版社，2009.

[20] 谢邪. 战略执行体系构建手册 [M]. 北京：机械工业出版社，2010.

[21] 孙昌华. 带出团队正能量 [M]. 北京：机械工业出版社，2014.

[22] 林格. 教育是没有用的 [M]. 北京：北京大学出版社，2009.

[23] 吴建国，冀勇庆. 华为的世界 [M]. 北京：中信出版社，2006.

后记

目标管理是现代企业管理模式中比较流行、比较实用的管理方式之一。它的最大特征就是方向明确，非常有利于把整个团队的思想、行动统一到同一个目标、同一个理想上来，是企业提高工作效率、实现快速发展的有效手段之一。

在《华为目标管理法》写作过程中，笔者查阅、参考了大量的目标管理的文献资料，部分精彩文章未能正确注明来源，希望相关版权拥有者见到本声明后及时与我们联系，我们都将按相关规定支付稿酬。在此，深深表示歉意与感谢。

由于本书字数多，工作量巨大，在写作过程中的资料搜集、查阅、检索得到了我的同事、助理、朋友等人的帮助，在此对他们表示感谢，他们是张丽美、林云、吴银英、陈仕文、孙才诗、田安辉、王龙咸、张亮亮等，感谢他们的无私付出与精益求精的精神。